Empreendedor Marcial

Empreendedor Marcial

Como empreender, lutar e vencer

Eduardo Infante

Prata

1º Edição

São Paulo-SP
Brasil

Editor-chefe: Eduardo Infante
Projeto gráfico de miolo e capa: Julio Portellada
Diagramação: Estúdio Kenosis
Revisão de texto: Flávia Cristina Araujo

Dados Internacionais de Catalogação na Publicação (CIP)
(Câmara Brasileira do Livro, SP, Brasil)

Infante, Eduardo,
Empreendedor marcial : como empreender, lutar e vencer / Eduardo Infante. -- 1. ed. -- São Paulo : Prata Editora, 2024.

Bibliografia.
ISBN 978-65-86262-12-4

1. Empreendedorismo 2. Gestão de negócios 3. Marketing - Administração I. Título.

24-210788 CDD-658.421

Índices para catálogo sistemático:

1. Empreendedorismo : Administração de empresas 658.421

Tábata Alves da Silva - Bibliotecária - CRB-8/9253

Prata

Prata Editora e Distribuidora
www.prataeditora.com.br
facebook/prata editora
instagram: @prataeditora

Impresso no Brasil/*Printed in Brasil*

À minha linda esposa Paula, com todo o meu amor.
Sou muito grato a Deus e a você por termos formado a nossa
"Grande Família", com Lara, Lívia, João, Sheik e Dorothy.

Sumário

Introdução

Empreender nos negócios é o sonho de muitos, mas são poucos os que têm "estômago" para realizar. Tudo na vida tem vantagens e desvantagens e o desejo de empreender nos negócios é algo que depende dos nossos sonhos, aspirações, possibilidades e determinação.

Determinação é uma das palavras-chave para o empreendedorismo. Sem ela, ninguém chega a lugar algum, especialmente nos negócios. Ela é vital, pois qualquer empreendedor passa sua vida como um lutador: apanhando e vencendo. Não há empreendedor bem-sucedido que não tenha fracassado, e aqueles que obtiveram maior sucesso, normalmente, são os que mais tiveram fracassos, mas persistiram, até encontrar o sucesso.

As artes marciais, com suas filosofias milenares, podem ensinar muito a novos empreendedores, assim como a empresários que já alcançaram o sucesso há muito tempo. O famoso livro A Arte da Guerra, escrito há milhares de anos pelo general chinês Sun Tzu, é considerado um dos mais importantes livros para negócios. Isso porque Sun Tzu fala sobre estratégias de guerra e de como lidar com o inimigo, e suas instruções podem ser utilizadas perfeitamente no mundo corporativo. Ou seja, há muito tempo já se sabe que o mundo dos negócios precisa ser visto como um campo de batalha.

As artes marciais orientais, como artes de guerra e combate, baseiam suas estratégias em conceitos milenares e que continuam sempre atuais.

Como administrador de empresas, empreendedor, autor de livros de negócios e mestre de Taekwondo, a milenar arte marcial coreana, reuni neste livro os principais e mais estratégicos conceitos das artes marciais, em especial o Taekwondo, voltando esses ensinamentos para o mundo do empreendedorismo, de maneira prática e consistente.

Você vai aprender a utilizar esses conceitos a seu favor, na sua luta diária para empreender com maestria, gerando riqueza e prosperidade.

Tenha uma ótima leitura!

Eduardo Infante

• CAPÍTULO 1 •

Empreender é uma luta diária

De uma maneira bastante simples, podemos dizer que o primeiro passo que você precisa dar para empreender no mundo dos negócios e mudar de vida é a *decisão* de fazer isso. Depois que tomar essa decisão, que poderá ser uma das mais importantes da sua vida, comece a sua jornada empreendedora imediatamente, pois se você continuar a esperar pelo momento certo, pode acreditar, esse momento nunca vai aparecer e você nunca construirá nada de valor na sua vida. Se você realmente quer sair do lugar, apenas comece a caminhar.

Durante a sua jornada empreendedora, você vai ter que enfrentar problemas e obstáculos, provavelmente alguns dos mais difíceis da sua vida. Empreender é um combate constante, e para que você saia vitorioso, terá que ser forte e trabalhar bem com a sua mente, além de manter o corpo saudável e a estabilidade emocional íntegra.

Por se tratar de um combate, ou melhor, de uma guerra que você irá travar para vencer nos negócios e na vida, utilizar estratégias das artes marciais e da filosofia oriental será um grande diferencial para você. A grande pergunta que todos se fazem antes e mesmo depois de começarem no mundo do empreendedorismo é: "Isso vai valer a pena?" Como empreendedor, administrador de empresas e mestre de

Taekwondo, eu digo que SIM, porque esse é o único caminho que existe para que você mude o patamar de sua vida de uma maneira que não conseguiria nunca vinculado a um emprego. Você poderá desfrutar da liberdade financeira e de uma vida com mais qualidade e tempo para aproveitar. Mas até alcançar isso, a luta será grande!

O segundo passo, não menos importante, é decidir quem você quer ser e onde deseja chegar com a sua mudança. Depois, sem nenhuma dúvida, você precisa se dedicar 100% em se transformar na sua melhor versão, na versão que você gostaria de ser. A grande maioria das pessoas deseja mudar de vida e muitas afirmam que pagariam o preço necessário para isso, mas, na verdade, pouquíssimas realmente estão dispostas a pagar. Eu penso que, em muitos casos, seja por não acreditar de verdade que uma mudança tão significativa realmente possa acontecer na sua vida.

Empreender, na prática, é "dar um salto no escuro", porque você se propõe a desenvolver uma atividade, um trabalho, mas não tem certeza alguma sobre os resultados que poderá obter. Do mesmo modo que muitos empreendedores começam um negócio esperando faturar 100 mil por mês e, depois de algum tempo, estão faturando 1 milhão, muitos outros que esperam faturar 100 mil, acabam faturando menos da metade, e então desistem.

Tudo na vida tem um preço e nada se obtém sem dedicação. É como se diz: "Não existe almoço grátis". Saiba que o maior preço que você vai pagar para conseguir atingir seus objetivos é 100% de dedicação, e esse esforço vai trazer desdobramentos, como menos tempo para lazer, para a família, aumento do estresse etc. Mas tenha consciência de que a parte mais difícil será o começo e à medida que o seu negócio prosperar, você será recompensado pelo seu esforço com liberdade financeira, autonomia na sua vida e mais tempo de qualidade com a sua família ou com quem você desejar. Você não precisa ser bom no que faz, quando começa a fazer, mas precisa tornar-se excelente com o passar do tempo. Dedicação, disciplina, persistência e consistência são as palavras-chave para o seu sucesso.

Empreender no mundo dos negócios é difícil e arriscado, mas em um país como o Brasil, as dificuldades e os riscos costumam ser estratosfericamente maiores do que em países do primeiro mundo, como os Estados Unidos, por exemplo. "O Brasil não é um país para amadores", como se diz.

Isso tem um grande fundo de verdade, pois as condições que um empreendedor encontra aqui são as de um país com elevada carga tributária, custos trabalhistas entre os mais altos no mundo e uma instabilidade política que gera um montante de crises econômicas com certa frequência. O ambiente de negócios no nosso país é hostil e, por essa razão, aqueles que desejam e se lançam no mundo do empreendedorismo – sejam pequenos ou grandes empreendedores –, estão se colocando em risco constante e tendo que lutar pela consolidação de seus negócios.

Contudo, mesmo diante de tantas dificuldades, por que as pessoas continuam insistindo em empreender? A resposta é simples: quanto maior o risco, maior o lucro. Um negócio arriscado, quando bem-sucedido, proporciona aos seus idealizadores grandes ganhos, além de uma liberdade financeira e profissional que nenhum trabalhador contratado ou assalariado consegue atingir. Desta forma, ser um empreendedor é muito sedutor e cria grandes expectativas.

Segundo dados do IBGE, cerca de 80% das empresas abertas no Brasil, fecham ainda no primeiro ano de operações. Das que conseguem sobreviver ao primeiro ano, 60% fecham em até cinco anos. E mesmo com esses dados assustadores, o número de brasileiros que decide empreender não para de crescer.

Para conseguir sobreviver, o empresário brasileiro realmente precisa saber lutar e, além disso, precisa ter condições emocionais para suportar a pressão constante e adquirir conhecimento para perseverar na busca pelos seus sonhos.

Mas por que o ambiente de negócios no Brasil é tão hostil aos empreendedores? Vamos fazer uma rápida comparação de como é abrir uma empresa nos Estados Unidos e no Brasil. Nos Estados Unidos, quando uma nova empresa é aberta, já na primeira declaração de Imposto de Renda, o empreendedor informa que, por exemplo, fez um investimento de 500 mil dólares no primeiro ano e faturou apenas 300 mil dólares. Com isso, o empresário não paga nem um centavo de imposto, pois este é cobrado somente sobre o lucro. Se a empresa levar cinco anos para obter lucro, ficará cinco anos sem pagar impostos. Além disso, como incentivo para as novas empresas, o governo devolve a elas o valor pago em impostos nesse período. Ou seja, além de não pagar impostos, uma empresa que esteja "no vermelho", ainda recebe restituição dos impostos pagos na compra de máquinas, equipamentos, mobiliário ou qualquer outra despesa que possa ser comprovada.

Já no Brasil, se a empresa investir o equivalente a 500 mil dólares e tiver faturado 300 mil, o empresário pagará impostos sobre esse faturamento. Ou seja, o governo norte-americano incentiva os novos negócios, enquanto o governo brasileiro parece não ter interesse em que os novos negócios prosperem, não dando nenhum tipo de incentivo realmente relevante.

Além disso, enquanto um trabalhador brasileiro custa para seu empregador o seu salário, mais o depósito do fundo de garantia, férias com direito a mais ⅓, 13º salário e aviso prévio, além de outros encargos trabalhistas, o trabalhador nos Estados Unidos recebe somente o salário, cujo valor é proporcionalmente muito maior do que o do trabalhador brasileiro; não há pagamento por férias, 13º salário nem outros benefícios obrigatórios.

Realmente, empreender no Brasil não é para amadores. As dificuldades são tantas que somente quem estiver mais preparado, disposto a lutar com todas as forças e com muita persistência consegue prosperar. E prosperar, apesar desse ambiente hostil, é possível, mas você precisa saber lutar e lutar com vontade. Como veremos em outro capítulo, uma das piores atitudes que um empreendedor pode tomar é ficar procurando "culpados" pelos seus baixos resultados.

Toda luta é ganha, em primeiro lugar, dentro da cabeça do lutador. Em uma competição de Taekwondo ou qualquer arte marcial, o que passa na cabeça dos lutadores é o que sempre define os combates.

Quando, por exemplo, um lutador está com muito medo do oponente, a chance de derrota se torna maior, porque ele provavelmente ficará na defensiva e não tentará vencer com a garra que deveria, arriscando ataques mais ousados. Por outro lado, se o seu oponente perceber esse medo, atacará com mais força e determinação e terá chance de finalizar o combate com um nocaute.

Outra situação acontece quando um lutador, ainda que esteja com muito medo do oponente, finge estar muito confiante e essa demonstração de confiança pode fazer com que o emocional do oponente se desestabilize. Dessa forma, o lutador que inicialmente estava com medo, graças à estratégia de mostrar autoconfiança, acaba vencendo um lutador melhor, mas que não estava psicologicamente preparado para enfrentar um oponente que demonstrasse muita força antes do combate.

Um empreendedor também ganha ou perde sua luta nos negócios, primeiramente dentro de sua cabeça. O medo de não conseguir, o medo de arriscar, a falta de estratégias de combate, a falta de treinamento diário e aprendizado de novas formas de executar suas tarefas são fatores determinantes para o sucesso ou o fracasso de sua empresa. E nisso há um ponto crucial: o empreendedor está o tempo todo enfrentando principalmente a si mesmo, em uma batalha para encontrar a melhor forma de desenvolver o seu negócio, gerar lucro e riqueza.

Para controlar o medo, que pode tornar-se um fator paralisante em qualquer atividade, o empreendedor precisa ser persistente e constante em suas atividades diárias.

Os campeões não reclamam e seguem treinando e lutando. Fazem o seu melhor e tentam se superar todos os dias.

Ao entender que a sua luta diária é contra você mesmo, uma luta na qual você deve se superar e fazer melhor, todos os dias, você conseguirá prosseguir com sucesso pelas águas turbulentas do empreendedorismo.

É fato que a coisa mais fácil que alguém pode fazer na vida é desistir, enquanto o mais difícil é continuar trabalhando, lutando – mas desistir não pode ser sua opção. Ainda que seja árduo manter o nível de esforço e determinação quando você olha para o que fez ontem e percebe que não ganhou nada com o seu trabalho, mesmo tendo se dedicado ao máximo, trabalhando com afinco sem receber nada, continue lutando, dando 100% do seu esforço novamente e se esforçando ainda mais no dia seguinte. Esta é uma batalha diária, dura, portanto, mantenha a persistência e o foco. Nunca se esqueça do motivo que o fez começar a sua jornada empreendedora e aonde deseja chegar com ela. Se você não mantiver o foco nessas duas coisas, certamente não vai chegar aonde deseja.

Empreender, seja em que área for, requer objetividade, ação, resistência e persistência.

Se você quiser uma constatação prática sobre a força do empreendedorismo, basta procurar no Google quem são, por exemplo, as pessoas mais bem-sucedidas dos Estados Unidos. Você verá que a lista é basicamente composta por empreendedores, sendo que muitos deles vieram "do nada". Podemos mencionar Elon Musk, Jeff Bezos, Warren Buffet, entre muitos outros. Isso mostra que o empreendedorismo talvez seja a maior força dentro do capitalismo, pois o que move o seu sistema econômico é a geração de riqueza feita pelas empresas, e as maiores empresas do mundo foram e serão sempre criadas por empreendedores.

O que grandes empresários de todos os tempos, desde Thomas Edison e Henry Ford até Bill Gates, Steve Jobs, Jeff Bezos e Elon Musk têm em comum? O que fez com que esses empreendedores obtivessem sucesso em níveis inimagináveis? Uma palavra descreve isso muito bem: visão. Eles são os chamados "visionários".

Visionários são pessoas que conseguem enxergar oportunidades e necessidades humanas, antes de qualquer outro. Steve Jobs dizia que as pesquisas de mercado feitas para determinar as necessidades de seus clientes não eram necessárias, porque ele sabia muito bem das necessidades que seus clientes tinham e nem sequer imaginavam. Assim ele criou produtos revolucionários, como o Ipod, o Iphone e o Ipad. Ninguém conhecia esses produtos, ninguém sabia que precisava tanto de produtos como estes.

Nas artes marciais, o conceito de "visão" ou "foco" é um dos fatores mais importantes tanto para o treinamento como para os combates reais de qualquer lutador. Essa é a capacidade que os praticantes de Taekwondo se esforçam para conseguir, pois sem ela a sua prática fica muito limitada.

Mas por que o foco determina a qualidade do resultado que o praticante de Taekwondo consegue obter?

Com o foco ou a "visão" aguçada, ele poderá ter um alto grau de concentração, a capacidade de executar com maestria um movimento ou uma atividade, raciocinar, pensar mais rapidamente, sem distrações e realizar exaustivamente repetições que levam à perfeição de um chute, soco ou exercício de preparação.

Essa mesma capacidade de foco, nos negócios e nas suas tarefas diárias, é certamente um dos fatores diferenciais que auxiliam muito no sucesso de qualquer empreendedor. Desta forma, empreendedores que praticam artes marciais ou outras atividades que aguçam a capacidade de concentração, como meditação e Yoga, acabam tendo muito mais chances de sucesso, pois conseguem trabalhar melhor, com mais clareza nos pensamentos e raciocínio.

Tudo na vida tem relação com o foco. O sucesso está diretamente relacionado a isso. Foco, persistência e consistência são os fatores principais para alcançar metas e realizar sonhos. É uma fórmula infalível.

A maioria dos jovens, no início da fase adulta, não se preocupa muito com coisas mais "sérias" na vida, como se preparar para o futuro, acumular riqueza ou empreender. Entretanto, aqueles que colocam esses fatores como prioridade e focam no desenvolvimento pessoal e profissional, são os que certamente terão sucesso na vida.

Seguir os seus sonhos é uma tarefa solitária, assustadora e perigosa. Você não pode esperar que outra pessoa decida o que você deve fazer. Você tem que estar realmente disposto a arriscar tudo para se tornar o que quer ser. Você tem que lutar contra o medo e não parar nunca.

As decisões mais difíceis são aquelas que podem mudar a nossa vida e, muitas vezes, envolvem riscos altos. Deixar um emprego seguro e arriscar todas as economias de uma vida talvez seja uma das decisões mais difíceis para qualquer pessoa. A motivação e a convicção de que tudo dará certo, além da "garra" e do "sangue nos olhos" para lutar com todas as forças para atingir seus objetivos é o que move e se torna a força necessária para uma decisão tão difícil. Mas o alto risco indica que a recompensa pode ser alta, assim como as perdas, se a decisão não for acertada. O nosso cérebro é programado para tentar nos dar segurança e, por isso, não gosta de situações arriscadas. Mas são exatamente essas grandes mudanças que têm a capacidade de gerar grandes impactos positivos na nossa vida.

Para entrar em uma jornada de transformação, na qual enfrentará muitas dificuldades, você precisa estar muito motivado e ter muita disciplina. A motivação faz você começar um negócio e mantém o seu impulso empreendedor, e a disciplina faz você seguir em frente e realmente crescer, pois só ela é capaz de colocá-lo em um processo de trabalho com consistência.

Muitas pessoas acabam usando como "desculpa" o fato de que são jovens demais ou velhas demais para empreender. Não se deixe enganar com esse tipo de justificativa. Esteja certo de que se isso for a realização de um sonho, você tem a idade certa: o seu sonho pode ser realizado agora, no presente. Nunca é tarde para tentar realizar seus sonhos e conquistar os seus maiores objetivos. Muitos grandes empreendedores começaram seus negócios de sucesso com mais de 40, 50 ou 60 anos de idade.

Responsável por revolucionar a história da indústria automobilística, Henry Ford, fundador da montadora de automóveis Ford, inaugurou sua empresa aos 40 anos de idade. E isso ocorreu em 1903, quando a expectativa de vida nos Estados unidos era de apenas 49 anos de idade, muito inferior à de hoje. Na época, uma pessoa de 40 anos já era considerada de "idade avançada". Henry Ford superou muito a expectativa de vida e faleceu com 82 anos. Outro exemplo, o Coronel Harland David Sanders, fundador do KFC, começou a sua rede de fast food em 1952, aos 62 anos de idade. No mundo todo, são muitos os empreendedores que começaram seus negócios com idade mais avançada e obtiveram grande sucesso.

Também temos exemplos de jovens empreendedores (muito jovens mesmo), que fizeram fortuna ainda adolescentes. Isso aconteceu com mais frequência nos primórdios da Internet, quando jovens de 14, 15 e até pouco mais de 20 anos criaram negócios on-line que foram comprados por milhões de dólares, durante o "boom" da Internet mundial, no final dos anos 1990 e início dos anos 2000. Jovens como Mark Zuckerberg, criador do Facebook, e Larry Page, responsável pelo surgimento do Google, tornaram-se milionários a partir de suas ideias inovadoras.

A história desses empreendedores prova que uma ideia seguida de ação e mantida com persistência resulta infalivelmente em sucesso.

A decisão de empreender é um caminho sem volta. Você pode não ter muita segurança, mas tem a certeza de que será uma luta pela própria vida. Se não lutar com todas as suas forças, como se disso dependesse sua vida, dificilmente conseguirá muito sucesso. O empreendedor é um jogador por natureza. Ele precisa fazer apostas constantes: algumas darão resultados, outras não, mas o que importa é que no final, entre receitas e despesas, o saldo seja lucrativo.

Para Jeff Bezos, fundador da Amazon, você pode ter um emprego ou uma carreira, largar tudo e seguir um "chamado", uma missão. Ele aconselha às pessoas que tiverem a oportunidade de seguir esse "chamado", que o sigam, porque é aí que se encontra o grande negócio de uma vida, o "pote de ouro no final do arco-íris". Para ele, esse "pote de ouro" se chamava Amazon. Bezos largou uma carreira sólida no mercado financeiro para seguir um caminho bem menos seguro, movido por uma paixão, pela vontade de empreender. Ele falou, em várias entrevistas, que acredita que se não tivesse feito o que fez, provavelmente seria assombrado pela sensação de que poderia ter feito algo maior, mas não teve coragem.

Ele decidiu ir atrás do que considerava certo fazer naquele momento e passou a utilizar a teoria que ele chama de "minimização de arrependimentos". Bezos utiliza essa teoria até hoje, no seu dia a dia, e incentiva seus funcionários a fazerem o mesmo. Essa teoria, no caso específico da Amazon, o ajudou a fazer uma escolha muito sábia, a mais importante de sua vida!

Muitas pessoas acreditam que só poderão ter sucesso na vida se tiverem sorte. Esse é um grande equívoco, porque a sorte pode até existir, mas muito mais forte do que ela é o trabalho duro com foco, disciplina e planejamento.

Depois de um plano bem elaborado e uma rotina disciplinada, você terá que se dedicar muito e fazer sacrifícios, como trabalhar em dias e horários que não gostaria, deixar de ir a festas e de encontrar os amigos todos os finais de semana, mas, principalmente, empenhar-se muito em seu trabalho, e com consistência. A consistência é a base para se construir um império. Se você trabalhar duro, começar a somar um pouco todos os dias aos seus resultados, com a consistência você transformará esse crescimento aritmético em um crescimento geométrico, passando a multiplicar e até gerar ganhos exponenciais diariamente.

“

Os campeões não reclamam
e seguem treinando e lutando.
Fazem o seu melhor e tentam
se superar todos os dias.

”

• CAPÍTULO 2 •

O que as artes marciais nos ensinam para os negócios

Como já mencionei, empreender é uma luta diária e aprender técnicas de combate para lutar no dia a dia dos negócios é ter nas mãos ferramentas muito valiosas, diferenciais críticos para o sucesso empresarial.

Os fundamentos filosóficos das artes marciais – e até mesmo as técnicas práticas de combate – podem ser utilizados com grande eficiência no empreendedorismo.

O Taekwondo, arte marcial coreana com origens milenares, tem como uma de suas bases mais presentes nas academias em todo o mundo, uma placa, com o que chamamos de "Juramento do Taekwondo".

No início de todas as aulas, em todas as academias do mundo, os alunos se posicionam enfileirados, por ordem de faixa, com os mais graduados na frente e indo até o menos graduado, que fica na última posição.

Com todos em posição militar de "sentido", o primeiro aluno, o mais graduado, logo após saudar as bandeiras do Brasil e da Coreia, fala em voz alta o "Juramento do Taekwondo", que é prontamente repetido por todos os demais, a uma só voz, item por item, posicionados com a mão direita erguida, em uma postura tradicional de juramento.

Este é o "Juramento do Taekwondo":

Eu Prometo
1. Observar as regras do Taekwondo
2. Respeitar instrutores e meus superiores
3. Nunca fazer mal uso do Taekwondo
4. Ser campeão da liberdade e da justiça
5. Construir um mundo mais pacífico

Espírito do Taekwondo
1. Cortesia
2. Integridade
3. Perseverança
4. Domínio sobre si
5. Espírito indomável

Todos os alunos repetem cada uma dessas frases com seriedade, em voz alta, praticamente gritando. Esses conceitos foram criados para ficar realmente enraizados na mente dos alunos, professores e mestres, que devem colocá-los em prática, tanto dentro do *dojang* (academia), como em seu cotidiano, nas relações com outras pessoas, no trabalho, ou seja, na vida. A primeira parte, o "Juramento do Taekwondo", diz respeito especificamente às regras militares rígidas que os praticantes dessa arte marcial coreana devem seguir. Já o "Espírito do Taekwondo" traz princípios mais amplos, que devem ser seguidos pelos praticantes, dentro e fora do *dojang*, e que deveriam ser seguidos por todos que desejam ter uma vida correta e produtiva.

No mundo dos negócios, muitas vezes, a ética é deixada de lado em detrimento a ganhos pessoais, profissionais e financeiros. Em geral, esses "atalhos", que mais apropriadamente deveriam ser chamados de "desvios", acabam trazendo mais problemas do que vantagens. Desta forma, olhando de maneira fria e prática, os ensinamentos básicos do

"Juramento do Taekwondo" podem ser amplamente utilizados nos negócios. Alguns desses conceitos filosóficos e marciais podem fazer toda diferença no mundo do empreendedorismo.

O respeito pela hierarquia é algo muito forte no Taekwondo e na maioria das artes marciais. O Taekwondo é uma arte marcial extremamente influente na Coreia do Sul, desenvolvida pelo general Choi Hong Hi em 1955. Suas técnicas são utilizadas pelas forças armadas sul-coreanas desde a sua criação. O "respeitar os instrutores e meus superiores" traz uma relação direta com a hierarquia militar, e tal conduta, dentro de empresas, é uma realidade necessária para o crescimento de qualquer negócio. O desrespeito às regras hierárquicas dentro de uma empresa, de uma maneira geral, é muito nocivo para qualquer área.

Ao empreender em um novo negócio, o fundador deve seguir sua visão, que precisa ser respeitada e considerada por todos os seus associados e colaboradores, a não ser que ele decida fazer mudanças de curso no decorrer do tempo. Com isso, a responsabilidade sobre qualquer ato dentro da empresa é sempre, em última análise, do empreendedor que está arriscando seu tempo e recursos para alcançar um objetivo.

As normas do "Espírito do Taekwondo" são baseadas no antigo código de honra dos guerreiros Hwarang, a tropa de elite do antigo reino de Silla, que ficava na península coreana. Esses guerreiros, que existiram até o século X, eram conhecidos como os mais habilidosos e honrados do reino. O código de honra dos guerreiros Hwarang pregava os seguintes princípios:

- Obediência ao rei;
- Respeito aos pais;
- Lealdade aos amigos;
- Só matar quando não houver alternativa.

No mundo empresarial, podemos dizer que nem todos os itens do "Espírito do Taekwondo" são amplamente utilizados, mas, certamente, se aplicados de maneira eficiente, podem ser grandes diferenciais competitivos.

Vejamos um a um os itens do "Espírito do Taekwondo":

Cortesia

A cortesia pode ser associada às habilidades "diplomáticas" que os empreendedores precisam ter bem desenvolvidas. Negociações sempre são mais bem-sucedidas quando tratadas com a devida cortesia. Na área de vendas, responsável por gerar receita e manter a viabilidade do negócio, a cortesia é uma ferramenta poderosa de trabalho. Criar empatia com os clientes é aumentar as chances de vendas. Com um "discurso vendedor" formulado a partir dela, é possível conquistar novos clientes, fidelizar clientes antigos e conseguir vendas maiores e mais lucrativas.

Integridade

A integridade é uma das mais valiosas moedas de troca no mundo dos negócios. Empresas e empresários com fama de correção e honestidade conseguem melhores oportunidades e, consequentemente, melhores negócios e maiores resultados financeiros.

Costuma-se dizer que a integridade da empresa e de seus dirigentes é um dos maiores ativos que um empreendedor pode ter. É uma característica que caminha sempre junto com a cortesia e, se bem usadas em conjunto, podem aumentar muito o vínculo com clientes e até mesmo fornecedores, que podem vir a se tornar mais do que simples fornecedores, ao se engajarem em parcerias de risco com você.

Perseverança

Esse talvez seja o item com correlação mais clara entre as artes marciais e o mundo do empreendedorismo. Nada é tão eficiente nas artes marciais e nos negócios como a perseverança. Brilhantismo e genialidade não superam a perseverança. Já conheci dezenas de pessoas que começaram a praticar Taekwondo ou outras artes marciais e que, visivelmente, aprendiam mais rápido do que a maioria, tinham uma aptidão física notavelmente melhor para a luta, ótima flexibilidade, velocidade e quase todos os requisitos para serem grandes praticantes ou mesmo competidores que poderiam se destacar em torneios nacionais e internacionais.

Quase a totalidade desses praticantes acabou desistindo e somente uma porcentagem ínfima continua treinando e realmente aproveita o seu potencial ao máximo. No entanto, já outros praticantes que começaram com pouca aptidão física e dificuldade de aprendizado, mas que persistiram, com o tempo se tornaram grandes dentro da modalidade. Essa analogia serve também para pessoas que começam a frequentar academias de ginástica, seja com o intuito de emagrecer, seja com o de ficar em forma física ou ambos.

A grande maioria treina por algum tempo, para de treinar, volta ao sedentarismo por muito tempo, volta a treinar e o ciclo e repete ano após ano, mesmo com pessoas cuja aptidão física é notável. No final, muitos não persistem nem nos seus objetivos, nem na busca de seus sonhos.

Assim também acontece no mundo dos negócios. Muitas pessoas brilhantes, inteligentes, formadas nas mais conceituadas universidades, acabam se tornando profissionais medíocres ou empreendedores que não conseguiram "emplacar" nem um bom negócio sequer e acabam desistindo. Um gênio desconhecido e falido é quase um clichê, mas pessoas que vieram "de baixo", perseguiram seu objetivo, falharam muitas vezes, mas persistiram até finalmente obter sucesso é a história da maior parte dos vencedores no mundo empresarial. E o diferencial que eles tinham em comum é: perseverança, determinação e um autocontrole indestrutível.

Domínio sobre si

Ter o domínio sobre si é conseguir manter o controle físico e, especialmente, o emocional, mesmo nas piores situações. É a base para a disciplina, que exige que você mantenha rotinas a qualquer custo, e que não desista nunca.

Nas artes marciais, desenvolver essa característica permite suportar dores causadas por chutes e socos fortes e ainda continuar lutando. É a qualidade imprescindível para continuar treinando no limite da exaustão completa, melhorando sua resistência na preparação para lutas. Para empreendedores que passam por situações de alto estresse, ter o domínio sobre si é a única forma de não "surtar" mediante as grandes dificuldades que surgem no dia a dia e que precisam enfrentar. Quando dominamos a nós mesmos, nada –ninguém nem nenhuma situação – é capaz de nos fazer perder o rumo.

O domínio sobre si ou autocontrole é uma característica crucial que todos os empreendedores precisam ter ou desenvolver. Para conseguir enfrentar as adversidades que encontra durante a sua jornada, o empreendedor necessita ter "sangue frio". Os relatos de sucesso que só aconteceram depois de várias situações muito difíceis que tiveram que ser superadas são os mais frequentes.

Como grandes campeões nas artes marciais, os vencedores no empreendedorismo precisam passar por situações difíceis para forjar sua força e prepará-los para as vitórias. Tanto para um empresário determinado, um lutador em combate ou um praticante de Taekwondo que está se preparando física e emocionalmente para uma luta, desistir não pode ser opção. Contudo, desistir é o que a maior parte das pessoas que se lançam ao empreendedorismo acaba fazendo, normalmente por não suportar a pressão psicológica e não ter o domínio sobre si.

Como já mencionado, segundo dados do IBGE, cerca de 80% das novas empresas abertas anualmente no Brasil fecham em menos de 12 meses. Mas nem todos esses empreendedores desistem definitivamente. Uma pequena parte deles insiste, e se lança em outra jornada empreendedora. Alguns acertam na segunda tentativa. Outros acertam depois de algumas e a maioria desiste definitivamente em algum ponto da jornada. Lutar com garra é necessário e não desistir é condição vital para que o empreendedor acabe atingindo seus objetivos. Mas para não desistir, é preciso ter um autocontrole bem desenvolvido, pois o desespero sempre bate à porta das pessoas que não conseguem administrar seus medos e frustrações.

Espírito indomável

O espírito indomável do Taekwondo é uma alusão às guerras e invasões nos tempos remotos dos guerreiros Hwarang. Eles não deveriam se submeter nunca aos possíveis vencedores e mesmo sendo capturados, presos e torturados, deveriam se manter fiéis aos seus princípios e ao seu rei.

No empreendedorismo, o espírito indomável tem uma relação mais próxima com a perseverança, a persistência. Por pior que seja a situação, o empreendedor precisa continuar lutando, encontrando novas estratégias e maneiras de se reerguer quando necessário. É como um lutador de boxe, que recebe vários golpes, cai, resiste à dor, se levanta e volta ao combate. Não importa o número de vezes que cair, um lutador com garra terá que se levantar para continuar a ter chance de vencer. Ele terá que cair o quanto for necessário, até que derrube seu oponente.

Na academia, eu costumo falar e repetir sempre aos alunos que o juramento do Taekwondo e, principalmente, o espírito do Taekwondo, são ensinamentos que todos nós devemos levar para a nossa vida, tanto no que diz respeito ao lado pessoal, quanto nos estudos e no lado profissional. São conceitos e premissas que norteiam a honra e o comportamento, para alcançarmos os melhores resultados possíveis na vida, sempre com muita disciplina e dedicação.

Os orientais são conhecidos pela sua filosofia milenar, sendo que a maior parte dela é baseada nos ensinamentos Zen Budistas, mas muitos dos ensinamentos têm como base fatos ocorridos há centenas e mesmo milhares de anos. A China tem uma rica história de cinco mil anos e passagens marcantes que ensinam a importância da disciplina para pessoas de todas as nações do mundo. Praticantes de todas as artes marciais acabam aprendendo um pouco sobre esses ensinamentos orientais, principalmente os chineses, coreanos e japoneses. Na maioria das vezes, esses ensinamentos vêm no formato de histórias ou provérbios.

Neste livro, você verá muitos exemplos práticos da utilização de técnicas de combate e dos ensinamentos orientais ligados às artes marciais que podem e devem ser utilizados por empreendedores.

“Os fundamentos filosóficos das artes marciais – e até mesmo as técnicas práticas de combate – podem ser utilizados com grande eficiência no empreendedorismo.”

• CAPÍTULO 3 •

Planejamento pessoal – preparando-se para a luta

Nenhum lutador entra em um torneio importante de Taekwondo sem estar preparado para isso. Nos campeonatos principais, onde competem atletas de alto rendimento, a preparação para as lutas é bastante intensa. Sem um preparo adequado, com treinos e condicionamento mental, esses atletas reduzem muito a sua chance de vitória.

Assim como um lutador de Taekwondo que planeja começar a competir de forma profissional, você precisa se preparar para empreender. Entretanto, como já mencionado, se você for esperar pelo momento certo para empreender, esse momento nunca vai acontecer e você perderá tempo e oportunidades. Para empreender, é preciso fazer muitas coisas, começando hoje.

Em paralelo com o planejamento empresarial, sobre o qual eu falo em outro capítulo, você precisa fazer um planejamento pessoal e colocá-lo em prática imediatamente.

E no que consiste essa "preparação para o combate"? Basicamente, são dois aspectos: disciplina e *mindset*, ou seja, a forma como você pensa.

A disciplina é a base de tudo e, para alcançar um alto nível de disciplina, você precisa criar rotinas diárias e cumpri-las, custe o que custar. As rotinas devem ser saudáveis e contribuir para a sua saúde física e mental.

Muitos lutadores, e atletas de diversos esportes, costumam se afastar de tudo e de todos por um período antes das competições. Isso faz com que eles consigam focar 100% na sua rotina diária, mantida com disciplina e esforço. Se isso for possível para o empreendedor, esses períodos de "hiperfoco" também são altamente produtivos.

A primeira coisa para elevar o seu grau de disciplina é criar um planejamento para atividades diárias. Aqui estão algumas premissas básicas de rotinas que você deve seguir:

Sono

Você precisa dormir bem. Durma cedo e acorde cedo. A maioria das pessoas que alcançaram grandes feitos empresariais acorda muito cedo, após boas horas de sono. O sono regular e de qualidade é mais importante do que outros fatores que determinam a sua saúde. A sua meta deve ser dormir de 7 a 8 horas e meia, todas as noites. Estudos comprovam que mais ou menos do que isso pode ser prejudicial à saúde e o seu corpo e mente não terão 100% de aproveitamento nunca.

Além da quantidade ideal de horas, é importante que você durma cedo e acorde cedo. O nosso relógio biológico só está programado para um descanso completo quando dormimos cedo. Quem dorme das 22:00 às 5:00 fica bem mais descansado do que alguém que dorme de 1:00 às 9:00, mesmo que ambos tenham dormido o mesmo número de horas.

Alimentação

Sem uma dieta saudável, assim como um sono adequado, você não terá disposição e saúde para ser mais produtivo e conseguir obter os resultados que gostaria na vida e nos negócios. Para uma alimentação regrada e balanceada, o ideal é procurar a ajuda de um nutricionista, mas, de maneira geral, você deve fazer refeições com alimentos saudáveis, preferencialmente a cada três horas, e evitar ao máximo o consumo de fast food, de alimentos industrializados e de açúcar. Beba bastante água, consuma proteína, frutas e vegetais diariamente.

Alimentos saudáveis, consumidos com regularidade no decorrer do dia, causarão um impacto muito positivo na sua vida. O nosso corpo e mente funcionam muito melhor com a ingestão regular desses alimentos. Procure evitar, se possível, o excesso de carboidratos e de alimentos ricos em calorias. Esse tipo de alimentação só se justifica na infância, quando estamos em fase de crescimento. Entretanto, o bom senso deve prevalecer: uma sobremesa de vez em quando não mata ninguém!

Atividades físicas

O corpo humano foi criado para se movimentar. Um dos maiores venenos para qualquer ser humano é o sedentarismo. Se você está se preparando para mudar de vida, a sua saúde, seu preparo físico, peso e aparência, certamente, terão um peso bem grande no resultado que deseja obter.

Faça exercícios diários – musculação e aeróbicos. Artes marciais ajudam a despertar o instinto combativo e são um adicional importante à disciplina.

Nas aulas de Taekwondo, eu sempre falo para os alunos e professores que o ideal é praticar de 5 a 6 vezes por semana. Quem treina apenas uma vez por semana não consegue evoluir quase nada, basicamente continua sendo um sedentário e ainda corre risco de lesões e até problemas mais graves. Quem treina duas vezes por semana consegue ter um baixo nível de preparo físico e de vitalidade decorrente dessa atividade. Treinando três vezes por semana o ganho físico já passa a ser alto e este cresce exponencialmente para quem treina 4, 5 ou 6 vezes por semana. É aconselhável ter um "day off" das suas atividades físicas, para que o corpo possa se recuperar melhor do esforço dos dias de treino.

Os melhores exercícios físicos são aqueles que treinam o corpo e a mente. Exercícios extenuantes, que levam quase à fadiga, são os melhores. Eu costumo dizer que o cérebro humano não consegue fazer duas coisas simultaneamente: pensar e se exercitar! Quando você faz exercícios "puxados", durante a execução e por um período após, sua mente fica mais descansada. Além disso, os efeitos acumulativos desestressantes são ótimos.

Atividades físicas que envolvem descarregar agressividade e desenvolver o foco, como as artes marciais, são perfeitas para empreendedores: deixam você em forma, combatem o estresse, desenvolvem o foco, a disciplina, o respeito e, ainda, ajudam no controle mental em situações de pressão.

Limpeza e organização

Bagunça, sujeira e desorganização afetam tanto o cérebro humano que costumam ser indicativos de que algo vai mal na vida de uma pessoa, quando ela vive e trabalha em um ambiente sujo e desorganizado. Qualquer plano de mudança de vida precisa começar pela limpeza e organização dos ambientes onde você vive e trabalha. Esse é um fator vital para que você encontre o sucesso e alcance os seus maiores objetivos.

Para se ter uma ideia de como a bagunça influencia o cérebro humano, muitos psicólogos indicam, como parte importante da terapia, que seus pacientes arrumem gavetas e organizem seus ambientes. Quando você organiza seu ambiente, também organiza sua mente, e isso é algo que você vai precisar muito durante a sua jornada empreendedora: que sua mente esteja bem e "afiada" para encarar e vencer todos os desafios que um empreendedor enfrenta.

Planejamento diário

Você precisa estar preparado para fazer o que precisa ser feito, organizar o tempo necessário, fazer uma lista de tarefas e focar em uma tarefa de cada vez. Sem organização, você não conseguirá atingir seus objetivos.

Gerencie bem o seu tempo. O dia tem apenas 24 horas e você precisa saber aproveitá-las muito bem. Muitas vezes você acha que está sobrecarregado, mas pode estar apenas desorganizado. Acorde mais cedo, crie uma lista de tarefas, estabeleça prioridades, defina prazos e cumpra seu cronograma.

Não existe falta de tempo. Existe desorganização e falta de energia para realizar tarefas. Quem se organiza e se esforça, encontra tempo para tudo que for necessário. Um fato comum a quase todos os empreendedores de sucesso é que, desde o começo, o nível de esforço e o número de horas trabalhadas por dia é gigantesco. Esses grandes empreendedores começaram seus negócios trabalhando o tempo tudo, inclusive sábados, domingos, feriados e madrugadas. O esforço precisa ser grande para se obter resultados grandes.

A forma mais básica e eficiente para organizar suas tarefas é escrevê-las com antecedência. O ideal é fazer uma lista de tarefas para o dia seguinte e ir executando, uma a uma.

Além de listar as suas tarefas, é preciso colocá-las em ordem de prioridade, pois se você não conseguir executar alguma naquele dia, que seja uma de menor importância. Outra forma de "limpar" mais rápido a sua lista de tarefas é avaliar quais são as mais rápidas de resolver. Você pode estabelecer uma regra simples para isso: se uma tarefa levar menos de 3 minutos para ser realizada, não pense, apenas faça na hora.

Dentro do seu planejamento diário também é preciso avaliar quais tarefas você pode e deve delegar a terceiros. Avalie se outra pessoa conseguirá realizá-la com eficiência e, então, delegue. Um empreendedor de sucesso precisa saber preparar seus funcionários para realizar tarefas e delegá-las o mais rapidamente possível.

O mais importante no que diz respeito à organização e ao planejamento diário é que você crie as suas rotinas e regras para agir de maneira eficiente. Você precisa ter definições claras para horários de reuniões, trabalho administrativo, visitas a clientes e qualquer outra atividade que faça parte da sua rotina de trabalho.

Energia interior

Você precisa desenvolver a sua energia interna. Os orientais falam sobre o *ki*, que é a energia vital que todos os seres humanos têm e com a qual nascemos com uma quantidade limitada. Você pode aumentar essa energia, segundo as crenças orientais, por meio da meditação, espiritualidade ou religiosidade, mas o importante é que a sua energia seja forte e positiva.

Essa força vital é imprescindível nas artes marciais, assim como nos negócios. Pessoas com baixo nível de energia ou energia negativa não conseguem alcançar objetivos maiores. A palavra tem força e dá energia. Nas artes marciais, nós gritamos quando aplicamos golpes, e quando estamos fazendo movimentos em exercícios extenuantes. Esse grito externaliza nossa energia e nos dá força para dizermos a nós mesmos que vamos conseguir, de qualquer jeito.

A Bíblia fala sobre o poder da palavra e o mundo adaptou esse ensinamento bíblico e criou o que chamamos de "lei da atração": se você pensar e falar coisas positivas, terá maior chance de que aquilo que deseja se torne realidade. Seus objetivos e metas devem ser ditos em voz alta e com uma declaração afirmando que você conseguirá.

Você deve cultivar essa energia, criando rotinas de meditação, contemplação, prática de yoga ou outra forma de aumentar sua energia e vitalidade.

Desenvolvimento intelectual

Como empreendedor, você não pode ficar com seus conhecimentos estagnados. Aprender sempre é uma questão de sobrevivência e aumenta as possibilidades de crescimento, tanto pessoal quanto empresarial. Você deve focar em aprender tudo que puder sobre sua área de atuação. Leia livros, pesquise na Internet, assista vídeos no YouTube, assista palestras, inscreva-se em cursos e faça tudo o que puder para aprender ao máximo. Claro que você não terá tempo para se dedicar única e exclusivamente ao seu aprendizado, mas é importante que você direcione várias horas na sua semana para isso. Organize-se e coloque isso na sua agenda regular.

A leitura diária, mesmo que seja de apenas algumas páginas, contribui muito, não só para o seu aprendizado, mas também funciona como um momento para relaxar. O "ritual" da leitura envolve, quando possível, sentar-se em um lugar confortável, isolado e ler com calma. Isso faz muito bem para a mente e ajuda a "desacelerar", especialmente se for no final do dia.

Leia e aprenda algo novo todos os dias. Reserve pelo menos 30 minutos a 1 hora para seu crescimento intelectual e prático. Nunca se é velho demais ou novo demais para aumentar a bagagem de conhecimento. Foque em conhecimento que você poderá colocar em prática rapidamente.

Muitas pessoas desejam se desenvolver intelectualmente para crescer como ser humano e profissionalmente. Conhecimento é um "produto" que você pode adquirir de diversas maneiras e boa parte delas envolve ter que gastar dinheiro para aprender algo. Livros, cursos, palestras, escolas, tudo isso, de uma maneira geral, envolve gastos, mas é aí que você precisa mudar a sua forma de pensar. Adquirir conhecimento não é despesa, é investimento, e investir em si mesmo é a coisa mais inteligente que você pode fazer!

Você pode e deve participar, com alguma regularidade, de cursos ou palestras, seja de modo on-line ou presencial. Existem cursos on-line sobre os mais diferentes assuntos, ministrados por profissionais de alto gabarito e que podem agregar muito à sua vida, tanto pessoal como profissional.

Desenvolva sua habilidade financeira

Aprenda como investir bem e de maneira eficiente. Você precisa colocar o seu dinheiro para trabalhar para você e por você. Na sua batalha diária como empreendedor, na maioria das vezes você não poderá contar com outras pessoas, mas sempre poderá contar com o dinheiro trabalhando para você no mercado financeiro. Lembre-se de que você trabalha e está empreendendo para gerar riqueza, dinheiro. Essa é a premissa básica para qualquer negócio: geração de riqueza.

Mas o que você deve fazer com a riqueza que está conseguindo gerar? A resposta à essa pergunta passa pela sua educação financeira e um planejamento minucioso de investimentos. Aprenda a maximizar os seus resultados financeiros estudando e aprendendo sobre as melhores formas de investir, ou seja: você terá que avaliar o que fazer com o seu dinheiro, se e quanto vai reinvestir na sua empresa, se utilizará parte dos seus recursos para investir em uma nova empresa, quanto vai destinar a investimentos de baixo, médio e alto riscos etc.

Não adianta gerar muita riqueza com o seu negócio se você não souber colocar o dinheiro que ganhou para trabalhar sozinho em aplicações e gerar mais dinheiro, de forma passiva. É importante ter fontes de renda passiva e diversificar suas fontes de renda.

E o que são as fontes de renda passiva? São formas de gerar dinheiro com pouco ou nenhum trabalho. A principal delas costuma ser aplicações financeiras. Estude e aprenda o máximo que puder sobre esse assunto.

Além das aplicações financeiras, alguns negócios ou produtos também podem gerar renda passiva. Por exemplo, se você escrever um livro e colocá-lo à venda na Amazon e outras lojas, físicas e virtuais, você criará um fluxo de recebimento passivo. Apenas terá o trabalho de enviar os livros vendidos, um a um, à medida que forem sendo pedidos. Isso pode acontecer da mesma forma quando você se torna um afiliado de produtos digitais e apenas faz a gestão do tráfego pago para vender esses produtos, que nem sequer precisam ser enviados para os clientes, pois o acesso a eles é exclusivamente on-line.

Tenha um alto padrão de qualidade no seu trabalho

Trabalhar muito não significa trabalhar bem. Planeje a sua rotina de trabalho. Anote as tarefas que terá que executar sempre na véspera. Se lembrar de algo quando já estiver deitado para dormir, levante-se e anote. Trabalhe de forma organizada.

Foque nos resultados e não no número de horas de trabalho. Quando conseguir bons resultados com poucas horas de trabalho, saberá que encontrou o caminho certo e, então, poderá trabalhar mais horas da mesma forma e obter resultados maiores ainda. Como se faz no Taekwondo e nas demais artes marciais, primeiro é preciso saber chutar com a técnica correta para depois praticar incansavelmente o chute. De nada adianta realizar 1.000 repetições de um chute utilizando a técnica errada.

Desenvolva a sua habilidade de comunicação

A sua habilidade de comunicação, dentre todas as demais, é a que vai determinar a sua evolução e os seus resultados como empreendedor. Em primeiro lugar, se você sofre com timidez, chegou a hora de lutar contra ela e tornar-se uma pessoa mais extrovertida, que consegue manter bons contatos com muitas pessoas, de maneira leve e eficiente. Tudo é uma questão de prática e repetição, mas se você não estiver conseguindo, não hesite em procurar o auxílio de um terapeuta ou de outro profissional que possa ajudá-lo a superar essa barreira.

Estude técnicas de comunicação eficientes – existem livros ótimos e cursos que abordam esse tema de maneira extremamente prática. Estude, coloque em prática e surpreenda-se com os resultados. Melhorar suas habilidades de comunicação é uma das maiores evoluções pessoais que você pode fazer.

Mindset – evolua sua forma de pensar

Um empreendedor precisa ter um *mindset* (forma de pensar), diferente da maioria das pessoas. Muitos livros abordam o tema e colocam, de forma didática, o contraponto entre a "cabeça de rico" e a "cabeça de pobre" ou "cabeça de empresário" e "cabeça de empregado". Leitura consistente sobre esse assunto é vital para que você desenvolva o *mindset* de um empreendedor de sucesso.

Pense como um empreendedor de sucesso. Tenha um pensamento de rico e não de pobre. Um milionário pensa grande, age grande, planeja grande, sonha grande e é ambicioso. Coloque o seu foco em criar riqueza por meio da sua empresa e obter a liberdade financeira com a qual você sonha. Quem tem o *mindset* de pobre quer ser um assalariado, ter um emprego convencional, sem riscos, porém, sem ganhos expressivos. Sempre pense em ampliar a sua empresa. Ninguém consegue enriquecer se não conseguir criar escala no seu negócio. Escala é o segredo para a riqueza. Se você abre um comércio, por exemplo, pense em abrir uma rede de lojas e não ficar com apenas uma. É assim que os ricos pensam.

Quem tem cabeça de empreendedor precisa ser um lutador com espírito combativo, um lutador que quer sempre se superar, ser melhor do que a sua versão do dia anterior.

Se você quer ser melhor e se destacar entre as outras pessoas no seu trabalho, se você quer ter resultados melhores do que as pessoas que conhece e se você quer ser melhor que os seus concorrentes, faça mais do que eles. Use-os como referência, ou melhor ainda, veja como é a rotina de alguém de sucesso e faça igual ou melhor. Tente sempre fazer mais do que os melhores. Se eles acordam às 6 da manhã, acorde às 5. Se eles acordam às 5, acorde às 4. Se eles trabalham 8 horas, trabalhe 9, 10 ou até mais. Procure sempre otimizar os seus resultados, mas não tente "inventar a roda", apenas veja como os outros "fizeram suas rodas" e faça uma melhor.

Não foque nos problemas, foque nas soluções. Não fique desesperado por um problema que se apresenta; pare, reflita e faça uma lista de possíveis soluções e avalie uma a uma. No treino de Taekwondo, é preciso avaliar o que tem que ser melhorado e trabalhar em cada uma dessas coisas. Nos negócios também. Tenha uma mentalidade de resolução, com foco no resultado.

Outro aspecto vital no *mindset* do empreendedor é a identificação clara do seu propósito. Ao encontrar o seu propósito, você terá descoberto a essência do negócio que deseja criar. Se você tiver uma empresa que reflita o seu propósito, seu trabalho será muito mais gratificante e certamente trará resultados melhores. Isso porque você terá mais prazer e toda a sua jornada empreendedora fará sentido.

Presença, aparência e confiança

O mundo vive de aparências, não há como negar. No mercado editorial, sabemos que uma capa bonita, bem elaborada, com os gatilhos corretos, ajudam muito na venda de um livro. Se você chegar em uma livraria, olhar uma mesa com 10 pilhas de livros do mesmo assunto (algo que seja do seu interesse), você certamente vai pegar para olhar primeiro os livros com capas mais atraentes.

Aprenda a se portar em todas as situações, em todos os ambientes. Sempre se vista bem, impressione. No Taekwondo, não é aceitável que um praticante venha treinar com um *dobok* (o quimono coreano) sujo ou manchado. Nos eventos, como campeonatos, exames de faixa ou demonstrações, todos nós usamos nossos melhores *doboks*.

Você precisa causar uma boa impressão e, como diz o ditado, "A primeira impressão é a que fica". Lembre-se: vestir-se bem não é uma questão de vaidade e sim uma ferramenta para enfrentar um mundo competitivo e ter um diferencial em relação às demais pessoas.

Aprenda a se vestir bem e vista-se para o que você deseja ser e não para o que você é. No mundo corporativo, por exemplo, um gerente terá maior chance de subir de cargo se souber se portar e se vestir como um diretor. Isso certamente chama a atenção e valoriza a pessoa. O mundo é muito competitivo e se você não criar diferenciais positivos, acabará ficando para trás.

Além da roupa, a forma de se portar é muito importante. Existem muitos livros que abordam esse tema e que poderão ajudar bastante. São pequenos "truques" psicológicos que você pode e deve utilizar para melhorar sua postura e efetividade em muitas situações, especialmente em negociações e reuniões de profissionais.

Tanto a sua forma de se vestir, quanto sua postura e presença influenciam diretamente em um dos aspectos mais importantes para um empreendedor: a autoconfiança. Se você não tiver um bom nível de autoconfiança, terá sérias dificuldades para criar e administrar um negócio de sucesso.

Ao participar de uma luta de campeonato de Taekwondo, você precisa entrar com a certeza de que é melhor do que o seu oponente. Se você já entrar duvidando da sua capacidade, certamente perderá. Existe um provérbio oriental que diz: "Quem teme perder, já está vencido". Nos negócios é exatamente a mesma coisa: quando você entra em uma negociação, tem que entrar com a certeza de que irá vencer, de que é um negociador melhor e de que vai sair com um bom negócio nas mãos!

Networking

Existe uma máxima que diz que você é a média das 5 pessoas com quem convive mais . Se forem 5 pessoas idiotas, você poderá se tornar um idiota; se forem 5 pessoas cultas, você provavelmente se tornará mais culto. Se forem 5 pessoas esforçadas, provavelmente você será esforçado; se forem 5 pessoas que não se dedicam a nada e não trabalham direito, você poderá se tornar um alienado; e se forem 5 pessoas confiantes, você certamente será a sexta!

Crie e fomente um *networking* eficiente. O importante é conseguir reduzir o tempo que você passa com pessoas que não agregam nada e aumentar o tempo de convívio com as pessoas que contribuem de alguma forma com a sua vida e seus negócios.

As pessoas com quem você se relaciona causam um impacto inimaginável na sua vida, a começar pela pessoa que você escolheu ou ainda vai escolher para dividir a sua vida, como seu marido ou sua esposa. Essa pessoa pode ter a força necessária para lhe dar todo o apoio e toda a estabilidade que você precisa para empreender, caindo e levantando junto com você. Mas também pode ser uma pessoa que só leva você para baixo, acabando com a sua autoestima e comprometendo significativamente os resultados que você poderia alcançar. Isso não é nada fácil, pois envolve sentimentos muito fortes; mas lembre-se: saiba escolher bem.

Pessoas do seu círculo social, pessoal e familiar também têm grande poder de influência e, por isso, devem ser avaliadas com cautela. Vale a pena ter um amigo que só se lamenta, que o coloca para baixo e ainda não apoia o modo como você conduz sua vida e seus negócios? Como menciono em outros capítulos, quanto menos essas pessoas souberem da sua vida, melhor. Mas, e as pessoas que realmente têm algo a agregar? Essas são as pessoas de quem você precisa se aproximar e com quem deve conviver. Tanto você quanto essas pessoas serão beneficiados por esses relacionamentos. Serão trocas de ideias, sugestões e opiniões realmente construtivas. Isso fará muito bem para sua mente e o ajudará em seu crescimento pessoal.

“

Disciplina é a base de tudo e, para alcançar um alto nível de disciplina, você precisa criar rotinas diárias e cumpri-las, custe o que custar.

”

• CAPÍTULO 4 •

Marketing Marcial

Se "a propaganda é a alma do negócio", como se diz há décadas, o marketing é o "coração" de todos os negócios, pois abrange as áreas mais importantes de uma empresa, e é capaz de fazer com que um produto ou serviço seja ou um campeão de vendas, ou mais um "perdedor" no mercado. É ele que define estratégias e implementa ações concretas capazes de gerar vendas e fazer qualquer empresa crescer.

Fazer um "bom marketing" é criar estratégias que podem colocar seu produto ou sua empresa na frente de seus concorrentes, conquistar *marketing share* (participação de mercado) e vencer batalhas comerciais contra seus concorrentes. Em muitas situações, o marketing pode definir o resultado da competição entre duas ou mais empresas pela liderança de vendas de um ou mais produtos ou pela conquista de exclusividade com alguns revendedores, por exemplo. Um bom marketing se conquista com luta, combate e, para vencer qualquer batalha, você precisa estar bem preparado.

Sendo uma das áreas mais importantes no mundo dos negócios, o marketing pode ser considerado como um conjunto de estratégias que a empresa utiliza para vender mais, obter mais lucro, seja pela utilização de publicidade, seja pela análise e adequação dos produtos e preços aos anseios dos consumidores, entre outros pontos.

Nenhuma empresa consegue ser bem-sucedida em seus negócios se não respeitar e aplicar corretamente o composto de marketing conhecido, na sua forma básica, como "os 4 Ps":

- Produto;
- Promoção;
- Preço;
- Ponto de venda (ou praça).

Produto

É o que você está vendendo, seja uma mercadoria ou um serviço. Você precisa seguir a premissa de que o seu produto ou serviço tenha qualidade, durabilidade e seja útil para os consumidores. De nada adianta ter uma empresa muito bem estruturada se você não tiver um bom produto que seja altamente competitivo no mercado.

Promoção

É tudo que você pode fazer para que o seu público-alvo saiba da existência do seu produto, da qualidade que ele apresenta e da utilidade que ele tem.

Preço

O seu produto precisa ter um preço que seja competitivo em relação à sua concorrência e, ao mesmo tempo, que proporcione o lucro necessário para a sua empresa. O preço também precisa ser compatível com o poder aquisitivo do público-alvo. O segredo da precificação correta é analisar, primeiro, os seus custos e as metas de retorno de investimento por produto vendido. Depois, avaliar os preços praticados pela concorrência e, também, validar os possíveis preços a serem praticados, de acordo com o poder aquisitivo do público-alvo. O preço que será praticado deverá ser escolhido de acordo com esses fatores e, também, de acordo com possíveis estratégias promocionais ou para ampliação de vendas e *marketing share.*

Ponto de venda

Este item do composto de marketing se refere aos canais de vendas e de distribuição que serão utilizados. Podemos resumi-lo com a seguinte pergunta: "Onde vou vender o meu produto?". Muitos produtos e serviços podem ser vendidos em lojas físicas próprias, pela revenda feita por diversas lojas físicas, por distribuidores, venda porta-a-porta, Internet, dentre outros canais de vendas.

Todos os aspectos do marketing envolvem, em maior ou menor grau, disputas e ações que precisam surtir efeitos diretos. Como em um combate, empresas competem com empresas, produtos com produtos, e há uma disputa por preços e por espaço nos pontos de venda. É uma verdadeira guerra comercial que empresas de todos os portes travam diariamente.

As estratégias de marketing de cada empresa variam de acordo com o orçamento, o porte da empresa, os preços dos produtos, o público-alvo etc. Da mesma forma, em um combate travado entre dois lutadores de artes marciais, as estratégias variam de acordo com a altura, o peso, a força física e a velocidade de movimentação de cada um, dentre outros fatores.

Um lutador de Taekwondo, por exemplo, que esteja lutando com alguém mais baixo, porém mais forte, deve manter uma certa distância para que ele consiga acertar um chute, mas não seja atingido facilmente pelo oponente menor. Como um lutador mais alto tem pernas mais compridas, a distância deve ser maior. Já o lutador mais baixo deve se movimentar de modo a ficar mais próximo de seu oponente, mantendo uma distância para combater com socos e chutes e usando o "clinche", para que seu oponente mais alto não consiga chutá-lo.

Nos combates de marketing entre empresas, ocorre a mesma coisa. As estratégias, como já mencionei, devem ser pensadas de acordo com o porte e o orçamento disponível da empresa, bem como a força que ela tenha junto a fornecedores e clientes e a publicidade que é capaz de fazer, tendo em vista a verba disponível. É impossível, por exemplo, que uma pequena empresa que fabrique hidratantes corporais consiga brigar de igual para igual nos grandes varejistas e atacadistas com hidratantes produzidos por gigantes multinacionais como Unilever ou P&G. Mesmo assim, essa pequena empresa pode lutar pela sua fatia de mercado, colocando os seus produtos à venda em pequenos varejistas e pontos alternativos, lugares onde os gigantes do mercado não têm interesse em trabalhar. Esses mercados alternativos, conhecido como nichos de mercado, muitas vezes podem ser muito mais rentáveis, proporcionalmente, do que as grandes redes de supermercados, por exemplo.

As estratégias de combate marcial podem ser muito bem aplicadas nas negociações com fornecedores. Vou dar um exemplo bem claro, contando algo que aconteceu há alguns anos, em um campeonato de Taekwondo realizado em Santos.

A equipe de competição da minha academia contava com um lutador em cada categoria de peso, mas nesse campeonato, especificamente, estávamos sem nosso lutador da categoria que, na época, era chamada de "superpesado". Ele havia realizado uma cirurgia para remover o apêndice, menos de uma semana antes do evento. O nosso mestre, mesmo em um cenário praticamente impossível, pediu que o lutador comparecesse ao campeonato, ainda que desistisse da luta nos primeiros minutos, apenas para que marcássemos presença em todas as categorias. O nosso lutador, que chamávamos de Sr. Benedito, era um homem muito forte, de aproximadamente 1,78 m de altura e deveria ter, na época, por volta de 32 a 35 anos de idade. O seu oponente era um garoto que aparentava ter entre 18 e 20 anos, bem magro, mas muito alto, algo em torno de 1,90 m.

Quando o juiz deu o comando para iniciar a luta, o Sr. Benedito deu um *kihap* muito alto. O *kihap* é o "grito de guerra" muito utilizado nas artes marciais, para potencializar e exteriorizar a força interior de cada pessoa, chamada *ki*, de acordo com as crenças orientais. Após esse "grito", o oponente do Sr. Benedito ficou visivelmente intimidado. Todos nós sabíamos que o Sr. Benedito não tinha condições de chutar e que não poderia deixar que nenhum golpe acertasse a área da cirurgia. Ele estava pronto para desistir da luta a qualquer momento, no primeiro movimento de ataque de seu oponente, mas o que aconteceu surpreendeu a todos.

O garoto não teve coragem de atacar e a cada passo que o Sr. Benedito dava, o garoto recuava dois. Percebendo isso, o Sr. Benedito "atuou" muito bem e avançava com muita intensidade e sempre gritando. Com isso, o outro lutador recuava e saía da área da quadra, recebendo falta e perdendo um ponto. O Sr. Benedito conseguiu tirar o garoto da quadra duas vezes e, assim, estava ganhando por dois pontos. Foi então que ele deu o "golpe de misericórdia". Vendo o pânico do garoto, o Sr. Benedito reuniu forças e conseguiu dar uns dois ou três passos rápidos em direção ao oponente que, literalmente, saiu correndo da quadra! Todos no ginásio ouvíamos o técnico do garoto gritando com ele, mandando que voltasse e o chamando de covarde! Mas o garoto estava com tanto medo que se recusou. Fico imaginando a reação dele quando soube que o Sr. Benedito não poderia lutar, nem se quisesse!

Essa história ilustra muito bem o poder da intimidação que, no caso de transações comerciais, ainda que não sejam agressivas, podem envolver técnicas de negociação mais firmes e diretas. Mas o mais importante é que em negociações comerciais podemos "blefar", assim como o Sr. Benedito fez. Esses "blefes" podem ser incrivelmente eficientes.

Um combate de Taekwondo ou de qualquer outra arte marcial envolve seguidas tentativas de enganar o oponente e acertá-lo onde ele não espera. Os movimentos precisam ser rápidos e convincentes, assim como em negociações comerciais.

Em uma negociação de compra e venda, se você estiver comprando algo que lhe é oferecido a R$ 100,00 e estiver disposto a negociar para pagar menos, e rapidamente disser que se não for por R$ 50,00 não irá comprar e o vendedor afirmar que não vende por R$ 50,00, você pode agradecer e se levantar, mostrando que não tem como fazer negócio a não ser por esse preço. O vendedor, por sua vez, vai pensar se vende ou não por R$ 50,00, para não perder a venda. Muitas vezes o vendedor imediatamente aceita ou faz uma contraproposta. Se você conseguir a redução de preço que esperava ter, o "blefe" vai ter funcionado.

Um dos maiores casos de demonstração de força (sem que ela realmente existisse), que resultou em um negócio milionário, aconteceu em 1981, quando Bill Gates, dono da então pequena empresa de tecnologia, Microsoft, negociou com a IBM o fornecimento do sistema operacional para os microcomputadores que a gigante da informática iria começar a produzir.

Ele fez toda uma negociação, alegando ter um sistema operacional que poderia rodar nas máquinas da IBM, mediante pagamento de licença e sem exclusividade para a gigante da informática. Mas Gates não tinha o produto que estava vendendo e quando viu que conseguiria realizar o grande negócio de sua vida, correu para comprar um sistema que poderia ser adaptado para a IBM. Sem saber para que se destinava, o criador do sistema, amigo de Paul Allen, sócio de Bill Gates, o vendeu por 50.000 dólares, rendendo a Gates e a Microsoft muitos milhões. Esse foi o início da fortuna do homem que acabou se tornando o mais rico do mundo. Saber negociar bem é imprescindível para o sucesso de qualquer empresa.

Canais de venda e distribuição

Ter onde vender seus produtos ou serviços é uma questão vital para qualquer empresa. Uma parte muito importante do plano de marketing é exatamente essa: definir como o produto ou serviço poderá ser comercializado. Depois de feita essa definição, só resta "colocar a mão na massa" e sair vendendo.

Atualmente, as vendas podem ser realizadas de muitas maneiras: on-line, em lojas próprias, em lojas parceiras que revendam o produto, por meio de distribuidores e representantes, porta a porta e outros meios. Os pontos de venda físicos podem ser grandes varejistas, pequenos varejistas e pontos de venda alternativos. Esses pontos de venda alternativos costumam ser um dos grandes diferenciais competitivos para os pequenos empreendedores.

Vou dar um exemplo. Um pequeno fabricante de shampoos, que não consegue nem sequer colocar seus produtos à venda nas grandes redes de supermercado ou nas redes de lojas de produtos de beleza, pode fazer acordos com dezenas ou até centenas de salões de cabeleireiro, montando um display com sua linha de produtos e deixando-os consignados com os donos dos salões. Mesmo tendo pouca venda em cada um, a somatória de centenas de pequenos pontos de vendas como esses acaba gerando um faturamento expressivo. E esses pequenos salões não são "alvo" das grandes empresas, ou seja, o pequeno que conseguir montar uma logística própria para isso, terá bons resultados.

Você pode se perguntar se essa logística seria difícil de implementar e a resposta é sim. Mas ninguém disse que seria fácil conseguir se estabelecer no mercado! Você vai precisar trabalhar muito para que um modelo de vendas como esse prospere, mas certamente vai prosperar se você insistir e continuar ampliando a sua carteira de clientes, especialmente se estiver trabalhando em um mercado que ninguém ou poucos ousaram entrar. Pontos de vendas alternativos, para os pequenos empreendedores, costumam ser a primeira e mais eficiente opção para entrar em um lucrativo mercado de nicho.

Publicidade

A publicidade é um dos aspectos mais marcantes do marketing, apesar de o marketing ser algo muito mais amplo. Quando a grande maioria das pessoas pensa em marketing ou ações de marketing, pensa em ações publicitárias. Eu costumo dizer que no Brasil o marketing é confundido como sinônimo de publicidade, provavelmente por ela ser um dos principais aspectos do marketing como um todo.

A publicidade mudou muito desde os "anos dourados" da área, como são considerados os anos 1950 e 1960. Naquela época, as campanhas e peças publicitárias tinham um apelo muito mais simples e direto, mas logo os publicitários começaram a criar formas de despertar "gatilhos" nas mentes dos consumidores e alavancar as vendas dessa forma. Naquela época, eram usadas as mídias existentes, sendo a TV a principal, pois gerava um retorno maior em vendas. Também eram usados anúncios em rádios, mídia impressa (jornais e revistas) e *outdoors*.

Podemos dizer que a qualidade e a diversidade das campanhas publicitárias feitas nos dias de hoje fazem as campanhas dos anos 1950, 1960 e 1970 parecerem "coisa de criança". A qualidade gráfica das campanhas, sejam elas em vídeo, impressas ou feitas exclusivamente para as redes sociais, são incrivelmente melhores, especialmente devido à computação gráfica.

Mas o que importa realmente são os argumentos utilizados nas campanhas nos dias de hoje. A concorrência entre as marcas está cada vez maior no mundo todo e a criatividade das campanhas publicitárias parece não ter fim.

As estratégias de comunicação das grandes marcas mudaram muito nas últimas décadas. Essas grandes empresas perceberam que vender produtos é algo mais difícil do que vender soluções, experiências e emoções.

A Apple, por exemplo, apesar de ser uma fabricante de celulares, tablets e computadores, como muitas outras grandes empresas, busca vender algo muito mais valioso junto com os seus produtos: inovação, qualidade e os ideais de Steve Jobs, que ainda é "cultuado" como um dos maiores empreendedores e inovadores de todos os tempos. A Harley Davidson não vende apenas motocicletas, ela incorporou à sua marca o conceito de liberdade. Algumas marcas de margarinas, há muitos anos, passaram a vender a experiência de um café da manhã em família.

Quando você cria um produto ou serviço, antes de qualquer coisa precisa conseguir responder, claramente, as seguintes perguntas: "Qual é a "dor" que esse produto ou serviço "cura"?"; "O que esse produto ou serviço vai agregar à vida de quem o adquirir?"; "Qual é a emoção que acompanha esse produto ou serviço?"

Com base nas respostas dessas perguntas e outras semelhantes, toda a estratégia de comunicação poderá ser criada. As vendas vão acontecer à medida que o seu público-alvo reconheça que o seu produto ou serviço realmente agrega algo, seja uma emoção, uma experiência ou a solução de um problema.

Marketing de combate

Quando um empreendedor inicia a sua jornada, ter um bom plano de marketing é uma ferramenta imprescindível para o sucesso do negócio. Os pequenos precisam iniciar seu trabalho com ataques agressivos e certeiros. Não adianta você empreender em um negócio com capital para se manter por 1 ano, por exemplo, tendo um plano de marketing que levará dois anos para trazer resultados. Você vai "quebrar" antes de obter algum sucesso.

Deve haver um senso de urgência no plano de marketing para empresas que estão começando. É preciso ter resultados o mais rápido possível para que a empresa possa "parar de pé" sozinha, sem precisar de mais aportes de capital que, muitas vezes, podem colocar em risco a estabilidade financeira do empreendedor. Sabemos que empreender é uma atividade de risco, mas existe uma grande diferença entre correr riscos e fazer loucuras!

Marcas pequenas lutam por espaço entre empresas gigantes. Nichos de mercado são explorados cada vez mais e com bons resultados. Como em uma batalha de guerrilha, as pequenas empresas atacam em pontos onde as grandes não estão, enquanto as grandes travam batalhas milionárias contra suas concorrentes.

As grandes empresas podem se dar ao luxo de fazer planos a longo prazo, com previsão de retorno sobre investimento de até alguns anos. Um empreendedor "novato" não terá o capital para isso, nem as ferramentas necessárias. Desta forma, a abordagem do marketing tem que ser bem mais imediatista. É claro que, ao começar um novo negócio, o empreendedor pode fazer um plano de marketing coerente, realista e com expectativa de retorno do capital investido para alguns meses ou até mais de um ano. Tudo vai depender do porte da empresa criada, do capital disponível e da possibilidade ou não de novos aportes de capital.

De qualquer forma, o marketing mais indicado para os pequenos empreendedores deve ser o ousado, rápido e eficiente "marketing de combate". O raciocínio é simples. Você precisa ter a resposta aproximada para estas duas perguntas: "O que eu devo fazer para conseguir chegar ao ponto de equilíbrio o mais rápido possível?", que é quando a empresa deixa de ter prejuízo e iguala receita e despesas; e "Em quanto tempo consigo recuperar o capital investido?". Você precisa manter o foco nas respostas destas perguntas, ou seja, precisa lutar com todas as suas forças para conseguir chegar ao ponto de equilíbrio rapidamente e, também, conseguir recuperar o capital investido no menor período possível.

“Marcas pequenas costumam ter melhores resultados explorando nichos de mercado do que lutando por espaço contra grandes empresas.”

• CAPÍTULO 5 •

Ter medo é bom, mas o desespero é ruim

Quando um empreendedor começa qualquer tipo de negócio, isso envolve medos e inseguranças. No começo, são só investimentos e, talvez, nenhum retorno. Ver o que, muitas vezes, é o dinheiro acumulado por toda uma vida sendo colocado em um negócio que pode não dar certo, é algo assustador. Muitos empreendedores sofrem bastante de ansiedade, distúrbios do sono e, principalmente, com a insegurança de saber que tudo pode dar errado. Mesmo assim, diariamente milhares de pessoas se arriscam em seus empreendimentos, mas, para ter sucesso, é necessário aprender a lidar com a pressão psicológica.

Não pense que sentir medo, nesse caso, seja algo ruim, porque realmente é válido para quem está empreendendo. Isso porque o empreendedor não pode perder o foco nem um minuto, especialmente na fase inicial e de consolidação do seu negócio. Ter medo faz com que os nossos sentidos fiquem mais aguçados e nos deixem mais eficientes. O medo de que algo dê errado faz com que tenhamos mais cuidado, estudemos melhor todos os aspectos envolvidos e tenhamos planos de contingência para cada situação.

Quando você tem medo de que algo dê errado, muito provavelmente irá considerar planos alternativos para várias situações que possam falhar.

Mas, se o medo pode ser algo bom, o desespero nunca é. O pânico ou desespero tira completamente a clareza de nossos pensamentos e faz com tenhamos ações descoordenadas, ineficientes e descontroladas. Esse estado muitas vezes pode levar a outras situações, como a inércia e a depressão. Ele nos faz errar ainda mais, criando situações ainda mais desesperadoras. O desespero é, realmente, o "fundo do poço" para o empreendedor.

O medo da derrota já significa perder. Como já mencionei, existe um provérbio muito utilizado nas artes marciais: "Quem teme perder, já está vencido". Contudo, isto é verdadeiro até certo ponto, pois se o medo o paralisar, ele será a sua derrota, mas se o medo o deixar apenas mais atento, ele será um fator vital para a sua vitória. Desta forma, o medo pode ser seu aliado ou inimigo em uma luta ou nos negócios.

Nas artes marciais, a pressão psicológica e as incertezas fazem parte do dia a dia e de muitos momentos específicos. A fase de preparo para campeonatos e as lutas – que podem ser bem violentas –, acabam deixando muitos praticantes com medo e alguns chegam a desistir. Muitas pessoas que treinam artes marciais a vida toda, e sabem lutar bem, em um caso de necessidade de luta real, fora da academia, entram em pânico e não conseguem agir como gostariam e desistem de reagir.

No mundo dos negócios, desistir não pode ser uma opção, assim como entrar em pânico nos piores momentos também não, pois isso pode colocar em risco o projeto de uma vida inteira.

No filme *Operação Dragão*, do mais famoso astro de filmes de artes marciais de todos os tempos, Bruce Lee, há uma cena emblemática, que mostra muito bem como o foco de uma pessoa que pratica artes marciais pode ser vital em situações extremas. Nessa cena específica, Bruce Lee foge de um grupo de oponentes através de túneis. Em um determinado momento, uma porta se fecha à sua frente. Rapidamente, ele tenta voltar, mas a porta atrás dele também se fecha. Ainda restando uma última porta de saída, Lee corre em sua direção, quando esta também se fecha. Encurralado, ele não se desespera: senta-se no chão, cruza as pernas e se coloca em posição de meditação. Ele não tinha como controlar aquela situação, então, assumiu uma atitude resiliente, esperando pelo que iria acontecer em seguida para, só então, ter uma ação que pudesse levá-lo ao seu objetivo.

Essa postura que o personagem de Bruce Lee teve no filme, de aceitar fatos que não tinha o poder de controlar e se preocupar apenas com o que realmente poderia controlar, é uma atitude que todo empreendedor precisa ter como uma das suas premissas de vida.

Quando você administra sua empresa, na qual colocou todo o dinheiro que conseguiu juntar durante toda sua vida, muitas situações "desesperadoras" podem surgir e você apenas poderá administrar essas situações, de maneira satisfatória ou não. Se você entrar em pânico, certamente não terá condições de tomar decisões com clareza. Além disso, nesses casos, é comum tentar controlar todas as variáveis envolvidas, o que nunca é possível. É imprescindível aceitar que não podemos controlar tudo e focar totalmente nas questões sobre as quais realmente temos condições de agir. Para isso, precisamos ter ferramentas para conseguir manter a calma e a clareza nos piores momentos.

Existem muitas formas eficientes de manter a "sanidade mental", enquanto as piores fases do desenvolvimento do seu negócio acontecem. Mas nada vai funcionar se você não estiver realmente disposto a "encarar" os problemas e os seus medos. Mais uma vez: é preciso manter em mente que desistir não é uma opção; não importa quantas vezes você falhe, você precisa acreditar que, no final, vai conseguir!

A autoconfiança costuma vir dos treinos e repetições. Quanto mais você treina, melhor fica, o que gera maior autoconfiança e, por consequência, maior segurança emocional em momentos difíceis. Para um lutador, nada substitui as incontáveis horas de treinos e lutas. Para o empreendedor, é o conhecimento, o estudo e a vivência prática nos negócios que criam a autoconfiança necessária para enfrentar os problemas inerentes ao empreendedorismo e o estresse de manter um negócio e ter que administrá-lo sozinho, com todas as responsabilidades "nas costas".

Uma das formas mais eficientes para reduzir o estresse e conseguir manter o foco é a prática de exercícios físicos, e quanto mais "puxados" forem, melhores serão os resultados. Falando de maneira simples, o cérebro humano não foi feito para pensar e realizar atividades físicas ao mesmo tempo. Quando você pratica uma atividade física mais extenuante, é como se o seu cérebro se "desligasse" de todos os seus problemas; e nesses momentos em que ele está "desligado", o cérebro se recompõe, recarrega as energias e fica pronto para aguentar bem por mais algum tempo. Por isso é importante que as atividades físicas sejam feitas com regularidade e com a maior frequência possível.

A prática de artes marciais é uma das melhores alternativas para combater o estresse e a ansiedade, pois oferece uma carga bastante pesada de exercícios físicos e ainda proporciona outras formas de "descarregar" as energias, como chutes e socos em sacos de pancadas e combates nas academias. Isso é instintivo para o ser humano: a agressividade controlada das artes marciais é ótima para extravasar os problemas do dia a dia.

Mais uma vez, lembre-se: o medo da derrota já significa perder. Se o medo o paralisar, ele será a sua derrota. Se o medo o deixar apenas mais atento, ele será um fator vital para a sua vitória. Desta forma, o medo pode ser seu aliado ou inimigo em uma luta.

A experiência prévia do empreendedor é sempre um fator decisivo para o sucesso. Os erros e acertos anteriores fazem toda a diferença na bagagem de negócios, mas existem casos em que não ter nenhuma experiência anterior pode ser tão ou mais eficiente, pois faz com que o empreendedor tenha menos medo de errar.

Primeiro, darei um exemplo nas artes marciais. Quando um atleta participa de muitos campeonatos e assiste a muitos combates de lutadores renomados, ele cria na cabeça uma espécie de "repertório". Isso quer dizer que ele acaba "elegendo" os lutadores dos quais perderia e aqueles com quem ele lutaria e ganharia. Isso faz com que ele entre em um combate com uma expectativa já pronta, ou seja, se ele for lutar com alguém já conhecido achando-se muito melhor do que seu adversário, provavelmente perderá a luta.

Por outro lado, se ele não tiver uma expectativa formada, apenas lutará com todas as suas forças e o melhor vencerá. Já presenciei lutas de atletas iniciantes que, logo no primeiro campeonato, lutaram com um ou mais campeões, e venceram, sem saber com quem estavam lutando. É como disse o poeta inglês Thomas Grey, "Onde a ignorância é uma bênção, é loucura ser sábio". Por não saberem com quem estavam lutando, esses atletas eliminaram os medos relacionados à um possível enfrentamento de um adversário desproporcional. E isso é válido também nos negócios.

Vou dar um exemplo de negócio que presenciei, um caso que exemplifica como a falta de medo e a confiança no resultado positivo podem ser benéficas.

Há muitos anos, conheci o dono de uma recém-inaugurada editora de livros, em São Paulo. Ele não tinha a menor ideia de como funcionava o mercado editorial, mas estava publicando seu primeiro título, de um autor totalmente desconhecido. Era um livro do segmento pet.

O dono da editora acreditava que se o púbico conhecesse o livro e seu autor, ele conseguiria vender facilmente para qualquer livraria, premissa que estava totalmente correta. Ele não conhecia nem 10% das livrarias existentes no Brasil, naquela época, mas sabia que deveria procurar as grandes redes. Antes, porém, seu plano de divulgação foi feito de maneira precisa.

Ele contratou uma empresa de assessoria de imprensa que conseguiu a publicação de pequenas notas sobre o livro em jornais do Brasil inteiro. Isso, entretanto, não seria suficiente para alavancar as vendas. Foi então que aconteceu algo inesperado: a assessoria de imprensa conseguiu que o autor fosse entrevistado por Jô Soares, apresentador do maior *talk show* do Brasil naquela época e também um influenciador para a venda de livros sem igual. Quando a entrevista foi marcada, o dono da editora agendou reuniões com os compradores das principais redes de livrarias do Brasil. Como resultado, o livro já estava nas prateleiras das livrarias no dia da entrevista e se tornou um fenômeno de vendas, do dia para a noite! Mas nada disso teria acontecido se o dono da editora, que nada entendia do mercado de livros, soubesse das dificuldades que teria que enfrentar para "emplacar" seu primeiro título.

É claro que o fato de não conhecer bem o seu mercado, a concorrência, as estratégias mais usadas e muitos outros aspectos importantes, não é nada bom para um empreendedor que esteja iniciando sua jornada rumo à conquista de seus sonhos, mas queria ilustrar como não ter medos excessivos e saber aceitar riscos é uma necessidade para qualquer empreendedor. Sem riscos os prêmios são pequenos ou simplesmente não existem. Um empreendedor precisa saber aceitar e administrar bem as situações de risco que inevitavelmente irão surgir.

Todas as lutas e batalhas envolvem riscos, até mesmo aquelas que parecem fáceis de vencer. Na passagem bíblica na qual Davi enfrentou o gigante Golias, vemos um bom exemplo disso. O gigante, aparentemente, não teria como perder um combate como aquele. Davi, por sua vez, tinha muitos motivos para temer Golias, mas não só controlou o seu medo, como ainda teve a frieza de criar estratégias para a luta e ganhar, fazendo daquela uma das maiores vitórias de todos os tempos.

Nos negócios, muitas vezes entramos em batalhas aparentemente vencidas. Há muitos anos, um empresário do ramo de roupas, dono de uma das maiores grifes da época, estava completamente endividado, com sua empresa à beira da falência. A situação chegara ao limite devido aos vários planos econômicos do governo brasileiro, na tentativa de conter a escalada da inflação, que aconteceram desde os anos 1980 até o início dos anos 1990. Nesse período, muitas empresas não conseguiram aguentar tamanha incerteza econômica e acabaram sucumbindo. Esse empresário, aparentemente, não tinha mais como salvar a sua empresa e poderia estar desesperado com esse cenário. No entanto, sem deixar que o pânico guiasse suas ações, pensou em uma estratégia para salvar seu negócio, e teve "sangue frio" suficiente para colocá-la em prática. Em primeiro lugar, chamou todos os seus credores para uma reunião.

Na sala, entre outros, estavam representantes dos maiores bancos do Brasil. Ele informou a todos os seus credores que não poderia honrar seus compromissos naquele momento e pediu um prazo, uma moratória, para conseguir reerguer a sua empresa e voltar a honrar seus compromissos. Segundo relatos desse empresário, um dos credores, representante de um grande banco, disse que não iria esperar e que iria "tirar tudo dele". O empresário riu alto, deixando todos surpresos com sua reação. Então ele disse que, na verdade, não possuía nada que os credores pudessem tirar, porque tudo o que ele tinha não pagaria nem uma pequena parte da dívida e que ele não perderia nada, porque já não tinha mais nada! Mas disse também que se eles dessem o prazo que ele estava pedindo, teriam a chance de receber, do contrário, eles já teriam perdido tudo. O argumento foi tão forte e convincente que, por unanimidade, os credores decidiram dar ao empresário o prazo solicitado, e que foi suficiente para ele colocar as contas em ordem e reerguer sua empresa. A clareza de pensamentos e o fato de não ter entrado em pânico foram as razões que o levaram a conseguir o resultado que precisava alcançar.

Nenhuma situação é tão difícil que não tenha uma ou várias saídas lógicas e viáveis. Entretanto, o pânico pode levar a pessoa a não conseguir pensar com clareza e não ter forças para continuar lutando até vencer a batalha.

Sempre que você estiver em uma situação que aparentemente não tenha saída, lembre-se de que, na verdade, toda situação tem saída e que basta você conseguir encontrá-la para voltar ao caminho dos seus objetivos maiores. Sempre existirão obstáculos na sua jornada empreendedora, mas eles são a fonte da sua força para continuar lutando e realizar os seus sonhos. Tudo é possível desde que você não perca o foco e não se esqueça para onde está indo. Com o tempo, fica mais fácil enfrentar as dificuldades, porque a repetição das coisas difíceis faz com que elas fiquem mais fáceis.

“No mundo dos negócios,
desistir não pode ser uma opção,
assim como entrar em pânico
nos piores momentos também não,
pois isso pode colocar em risco
o projeto de uma vida inteira.”

• CAPÍTULO 6 •

O perigo de viver e trabalhar em uma zona de conforto

Viver e trabalhar em uma zona de conforto é um caminho fadado ao fracasso. Todo vencedor, seja nas artes marciais, na vida pessoal ou na profissional, só consegue alcançar o sucesso quando se vê em uma situação de desconforto ou perigo, e a supera.

Arriscar é parte crucial para que qualquer negócio prospere. Sem riscos, nenhum negócio consegue se desenvolver como poderia. Sem riscos, um empreendedor não realiza seus sonhos. Se não correr riscos, você não conseguirá ir a lugar algum; contudo, é preciso estar pronto para administrar as ações arriscadas que não derem certo.

Empreender é uma atividade que envolve enfrentar riscos diariamente. Ainda que você fique apreensivo com os riscos, mesmo assim, precisa fazer o que deve ser feito, avaliando cada situação e decidindo quais riscos valem a pena serem aceitos. Isso é o que chamamos de "risco calculado".

Em um discurso na Casa Branca, o ex-presidente dos Estados Unidos, Barak Obama, disse: "Não há desculpas para não tentar. Onde você está agora não determina onde você vai terminar. Ninguém escreveu o seu destino para você. Você cria o seu próprio futuro".

É claro que pode ser assustador se arriscar a sair de uma zona de conforto, mas, se você quer mais da vida, não pode haver desculpas.

O arrependimento por não ter tentado certamente será mais difícil do que empreender e não conseguir ser bem-sucedido. Mesmo porque, se você realmente estiver decidido a empreender, fracassos e prejuízos fazem parte do caminho. Se você ficar com medo e não se arriscar em uma jornada empreendedora, terá somente arrependimentos ao passo que, se decidir correr os riscos necessários e tiver fracassos no início ou durante a sua jornada, tendo disciplina e persistência, você vai se levantar e seguir em direção aos seus sonhos, ou seja, se der errado, você vai se reerguer e voltar a empreender. Com isso, não haverá arrependimentos, somente lutas, algumas derrotas e muitas vitórias.

Há uma grande diferença entre se arriscar e ser irresponsável. Mesmo assim, sabemos que "quanto maior o risco, maior o lucro". Para isso, não há certo ou errado, mas sim decisões que podem trazer grandes resultados ou prejuízos. O empreendedor, em última análise, está sempre sozinho nessas decisões que envolvem riscos e somente os resultados serão levados em conta no final.

Quando tudo corre bem e a ação arriscada funciona, o mérito é todo do empreendedor. Do mesmo modo, quando algo dá errado, a responsabilidade será sempre do empreendedor, que terá que contornar os problemas e aprender com o que não funcionou, para voltar a arriscar em outras situações e conseguir bons resultados.

Para um empreendedor, não importa quantas vezes tenha aceitado riscos que não compensaram, importa que tenha tido mais acertos do que erros e que o balanço final seja o mais lucrativo possível. Se você errar 20 vezes seguidas e perder um total de 1 milhão e, em seguida, acertar uma só vez, ganhando 20 milhões, você realmente é um empreendedor de sucesso! Lembre-se que os problemas, erros, acertos e todas as coisas boas ligadas ao seu trabalho como empreendedor só dizem respeito a você. Quando errar, você não deve se preocupar com a opinião das outras pessoas, somente com os seus próprios resultados. Se caiu, levante-se e siga em frente!

O ser humano tem um instinto nato de sobrevivência, e quando nos vemos em perigo, a tendência é fazer todo o possível para sair dele. Se almejamos um objetivo maior e vemos que nossos esforços não estão dando resultados, precisamos nos esforçar mais, ou fracassaremos. Todas as vezes que criamos coragem, nos arriscamos a sair da nossa zona de conforto e algo dá errado, a nossa tendência é querer voltar correndo para a zona de conforto. Por esse motivo, muitas pessoas que saem de empregos sólidos para se aventurar em uma jornada empreendedora, quando enfrentam as primeiras dificuldades acabam desistindo e voltando para o mercado de trabalho, em busca de um novo emprego, pois têm a certeza de que vão dormir mais tranquilos sabendo que terão um salário fixo no fim do mês. Com isso, desistem de lutar, desistem de seus objetivos maiores, que voltam a ser somente sonhos.

Desde o início do século XX, até a década de 1950, a maioria das famílias brasileiras de classe média incentivava seus filhos a seguir a carreira militar, porque proporcionava boa remuneração, estabilidade e respeito. A partir da década de 1960, a classe média brasileira passou a incentivar seus filhos a serem funcionários públicos civis, basicamente pelos benefícios da estabilidade e bons salários. Já a partir dos anos 1980, os jovens de classe média passaram a ser incentivados a conseguir empregos em grandes empresas multinacionais; o sonho agora era se tornar um executivo em grandes multinacionais, como Nestlé, General Motors, IBM, entre muitas outras.

A partir da década de 1990, o incentivo passou a ser o empreendimento, algo que já acontecia em países como os Estados Unidos há séculos. Com essa mudança no comportamento das famílias brasileiras de classe média, o número de empreendedores no Brasil cresceu muito, mas ainda hoje existe uma cultura de estabilidade, de permanecer em uma zona de conforto, o que, para o empreendedor, é o pior lugar, pois não é possível crescer e gerar grandes riquezas sem arriscar.

Sair da zona de conforto é algo que pode assustar e deixar muitas pessoas inseguras e, em determinadas situações, em pânico. Para um empreendedor, ficar em pânico ou entrar em desespero ao enfrentar problemas é estar totalmente fora da zona de conforto e, nessas situações, ou ele se deixa abater com os acontecimentos, ou aprende, para evitar tais situações no futuro.

Em um combate de Taekwondo, ou outra arte marcial, como mestres, costumamos "incentivar" os melhores lutadores em potencial, quando estes são encurralados e começam a apanhar. Esse processo costuma "despertar o guerreiro", que passa a lutar como um verdadeiro campeão a partir daí! Mas se um praticante vai diariamente à academia, faz o treino físico, e apenas realiza movimentos de chutes e socos "no ar" ou em sacos de pancadas, e não é submetido ao "desconforto" de um combate real, isso o leva a não precisar se esforçar e, dessa forma, ele nunca se tornará um grande lutador ou atleta de competição, por mais que tenha um grande potencial. Se os treinos forem feitos apenas na zona de conforto do praticante, sem combates, ele nunca terá o seu potencial desenvolvido como lutador.

Isso, claro, serve também para qualquer empreendedor. Empreender é um "salto no escuro". Você tem a certeza apenas de que vai ter que investir muito tempo e dinheiro, mas não tem certeza alguma dos resultados. Isso faz com que todos os seus sentidos fiquem mais aguçados. Você começa a perceber melhor as oportunidades e ameaças ao seu redor a acaba tomando decisões mais acertadas.

Aprender a viver e trabalhar em uma zona de desconforto traz muitos benefícios. Quem não quer perder a tranquilidade, não ousa, não arrisca e o risco é vital para o sucesso de qualquer empreendedor.

No filme *Rocky 3*, Sylvester Stallone, no papel de Rocky, ouve de seu técnico que não teria condições de ganhar uma luta contra o seu desafiante. O técnico disse que Rocky, depois de ter conquistado o título de campeão mundial dos pesos pesados, vencido com facilidade várias lutas, ter ficado rico e com um padrão de vida confortável, havia se tornado "civilizado demais", enquanto seu oponente, Clubber Lang, vivido por Mister T., estava vindo de baixo e tinha "sangue nos olhos", ou seja, não tinha nada a perder e arriscaria tudo pela oportunidade de lutar com o campeão e, mais ainda, faria qualquer coisa para vencê-lo e se tornar o novo campeão.

Isso é uma grande verdade no mundo das artes marciais e lutas em geral, assim como no empreendedorismo: quem não quer se arriscar a sair de sua zona de conforto, não vai prosperar como empreendedor!

A zona de conforto é o lugar mais perigoso para um empreendedor. Ela deve ser evitada a qualquer custo sob pena de fracasso nos negócios. É claro que existe uma diferença bem grande entre estar vivendo e trabalhando fora da zona de conforto e começar a fazer movimentos sem sentido. Riscos devem ser calculados, mas tenha sempre em mente que algo pode dar errado. Quanto mais você se arriscar de uma maneira lógica, maiores as chances de obter resultados positivos.

Voltando a falar sobre a forma de pensar – o *mindset* –, é crucial que um empreendedor mantenha a postura e a atitude de um vencedor. Isso porque, ao viver fora da sua zona de conforto, ele enfrentará desafios diários.

Se você quer ter sucesso, precisa ter a mente de vencedor, e os vencedores não têm medo nem "preguiça" de realizar o que for necessário para levá-los ao sucesso. Empreendedores de sucesso trabalham muito e sempre querem fazer mais. Já aqueles com mentalidade de perdedor, fazem muito menos do que precisariam, acham que fazem muito e não entendem por que não são vencedores. Qualquer pessoa pode agir de acordo com o *mindset* de um vencedor, basta entender como agir e ter a disciplina necessária.

Uma parte muito difícil de viver e trabalhar fora da zona de conforto é que, faça o que fizer, você será criticado! Aguentar as críticas e saber como lidar com elas faz parte desse lugar difícil onde os empreendedores forjam o seu caminho para o sucesso. Lembre-se que o mundo julga as pessoas pelos seus resultados e isso não é ruim, porque, se você tiver plena consciência disso, qualquer crítica terá pouca chance de deixá-lo abalado durante o seu caminho para o sucesso.

Outro conceito relacionado à zona de conforto é que, ao sair dela, você tem a oportunidade de conquistar uma nova área, e quando tudo der certo nessa nova área, você se sentirá novamente confortável, ou seja, terá ampliado a sua zona de conforto. Desta forma, o que você precisa é, indefinidamente, ampliar a sua zona de conforto, sempre saindo dela, lutando de maneira "desconfortável" e conquistando uma nova área de conforto para, em seguida, sair dela e continuar a sua luta.

Os empreendedores trabalham de maneira solitária. Os seus erros e acertos são única e exclusivamente sua responsabilidade. Entenda que, por esta razão, você não deve explicações a ninguém e, o mais importante, não deve contar seus planos a ninguém. Mostre apenas seus resultados, não seus planos. Mesmo assim, os resultados devem ser mostrados apenas para quem você selecionar, preferencialmente, que sejam poucas pessoas.

Vale lembrar que a maioria das pessoas ao seu redor não quer realmente que você cresça na vida. Uma atitude comum do ser humano é querer ver o outro em pior situação, para não se sentir tão mal com a própria posição na vida. Lembre-se: o topo da montanha é um lugar solitário, mas é para lá que você quer ir quando se torna um empreendedor. Pare de vender a sua vida por um pagamento mensal e corra atrás do sucesso e da prosperidade. Um bom salário é um valor que você recebe para desistir dos seus sonhos; não se contente só com isso.

Nos Estados Unidos, o país mais capitalista do mundo, berço do empreendedorismo, há uma frase citada com muita frequência, que diz: "Only fools are satisfied" ("Apenas os tolos ficam satisfeitos", em tradução livre). Isso quer dizer que apenas os tolos se contentam com o que têm. Você deve ser muito agradecido pelo que tem, mas querer mais é uma característica louvável do ser humano. Sem ela, continentes não teriam sido descobertos, grandes invenções não teriam sido criadas, os seres humanos não teriam aprendido a voar, nem conquistado o espaço. Portanto, lute pelos seus sonhos, só você pode fazer isso.

Não adianta você desejar alguma coisa na vida se não "se mexer" para conquistá-la. Muitas pessoas fazem planos, e até mesmo chegam a colocá-los no papel, mas na hora de implementar esses planos, acabam desistindo logo que encontram as primeiras dificuldades. Isso porque não querem sair da sua zona de conforto – o lugar mais nocivo para quem quer alcançar seus sonhos. Se você quer realmente alcançar seus objetivos, tem que estar disposto a lutar, e a pagar o preço do desconforto que isso gera.

Mesmo sabendo que a luta é pior no início e que com o tempo os resultados começam a aparecer, a grande maioria das pessoas que se lança em uma jornada empreendedora acaba desistindo, por não conseguir ver "a luz no fim do túnel". Elas passam a acreditar que, por mais que tentem, nada dará certo. Esse é um grande engano, porque se você tiver disciplina e persistência, saberá se adaptar e inovar a cada problema que enfrentar.

Um dos segredos para conseguir vencer fora da zona de conforto é saber se adaptar e se reinventar a cada problema, a cada dificuldade que surgir. Muitos empreendedores que hoje têm sucesso, começaram com um determinado negócio que, depois de vários problemas, precisou ser reinventado. Grandes empresas dos dias de hoje já passaram por problemas que as fizeram alterar totalmente sua área de atuação, como a Xerox, LG, Nokia e muitas outras. Saber se adaptar a novas realidades é uma necessidade. Não saber se adaptar pode ser um erro fatal. O motivo para que um empreendedor não queira se adaptar e mudar, mesmo diante de uma situação difícil, é sempre o mesmo: o medo de sair de uma zona de conforto.

Existem muitos praticantes de Taekwondo que sonham em se tornar campeões. Alguns tomam a decisão de competir, mas na hora que percebem que precisam treinar todos os dias, inclusive nos finais de semana, acordar cedo em pleno sábado e passar o dia em um centro de treinamento, imersos em um cansativo e dolorido programa físico, que inclui muitas lutas e lesões, acabam desistindo. Isso porque essa realidade de treino pesado fica totalmente fora da zona de conforto de quem está começando esse tipo de treinamento.

Entretanto, aqueles que permanecem firmes e motivados, mesmo sofrendo no começo, com a repetição dos treinos, eles começam a ficar mais resistentes e o desenvolvimento físico e tático acaba levando-os à vitória. Ou seja, se o atleta aceitar permanecer fora da sua zona de conforto, chegará o dia em que ele se tornará vencedor. Isso acontece exatamente da mesma forma com empreendedores, que também precisam aceitar sair da sua zona de conforto e permanecer fora dela, até que seus objetivos estejam mais próximos de se concretizar ou até quando for necessário.

“

Uma parte muito difícil
de viver e trabalhar fora
da zona de conforto é que,
faça o que fizer, você será criticado!
Aguentar as críticas e saber
como lidar com elas faz parte
desse lugar difícil onde
os empreendedores forjam o
seu caminho para o sucesso.

”

• CAPÍTULO 7 •

Aprenda a trabalhar sob pressão

No capítulo anterior, eu falei sobre a necessidade de o empreendedor fugir da sua zona de conforto, caso esteja 100% comprometido em alcançar o sucesso e realizar todos os seus sonhos. Falei repetidamente sobre a necessidade de aceitar riscos, pois isso é necessário para que ele atinja seus os objetivos. Mas, ao aceitar riscos e tomar decisões que podem trazer grandes resultados, assim como fracassos, o empreendedor acaba vivendo sob pressão, longe da zona de conforto.

Trabalhar bem sob pressão é algo que muitas pessoas conseguem fazer de maneira natural, mesmo que fiquem desconfortáveis, tensas. E ao dizer isso, eu me refiro às pessoas que realmente conseguem aumentar sua produtividade e eficiência apenas por estarem sendo constantemente pressionadas pelas situações que enfrentam.

Nas artes marciais, isso é algo visível. Em muitas lutas de campeonatos de Taekwondo, por exemplo, é comum um lutador começar a bater muito em seu oponente, que resiste, mesmo tendo caído mais de uma vez e levantado em seguida; então, aquele que aparentemente era o mais fraco passa a revidar com uma força e agressividade que não estavam lá há poucos instantes. A pressão enfrentada acaba liberando uma força capaz de nocautear grandes campeões. Vemos situações parecidas no boxe e em disputas de diversas artes marciais. A força que alguém pode ter apenas por estar sob pressão é imbatível. Isso também acontece no dia a dia no mundo dos negócios.

Viver sob pressão no mundo dos negócios, especialmente para os empreendedores, pode ser cruel, desgastante e terrivelmente estressante. Em muitos casos, um empreendedor pode estar à beira da falência e, por essa razão, acaba tentando uma alternativa inusitada que não só salva sua empresa da falência, como acaba fazendo seu negócio dar um "salto" de qualidade e se transformar em algo realmente rentável e de sucesso.

Mas como o empreendedor pode lidar com essa pressão? Cada pessoa tem uma capacidade própria e inerente de lidar com pressões, mas isso também pode ser adquirido. Se a pessoa passa por dezenas de situações de pressão e segue em frente, ela certamente acaba criando uma "casca" protetora e passa a suportar a pressão de forma mais fácil. Isso faz com que ela não se desespere e continue fazendo o que precisa ser feito, mesmo com as probabilidades estando contra.

Em momentos de caos, mantenha a calma. O grande lutador nunca perde a calma e sempre avalia as alternativas para atacar e contra-atacar. A vitória nos negócios sempre dependerá de sangue-frio, assim como em um combate de Taekwondo.

Nas artes marciais, bem como nas forças armadas, as pessoas são treinadas para suportar situações de extrema pressão – física e psicológica. Quem passa por esse tipo de treinamento acaba se tornando mais apto a suportar pressões profissionais e, com isso, tendo maiores chances de obter sucesso no mundo do empreendedorismo. Eu sempre recomendo aos empreendedores que têm algum interesse em artes marciais, que escolham uma (eu sempre recomendo o Taekwondo!) e se dediquem ao máximo. E quanto mais "puxada" for a academia, melhor. As artes marciais não só forjam a forma física, como também aumentam a autoconfiança e a resistência às situações de pressão.

Pressão é algo que altera qualquer luta ou negócio. Algumas pessoas, sob pressão, se concentram mais e conseguem obter resultados melhores. Outras simplesmente desabam e colocam tudo a perder. Assim é em um combate, assim é nos negócios. Muitos empreendedores que estavam à beira do colapso descobriram saídas ótimas e não só escaparam da falência, como criaram negócios altamente lucrativos. A Microsoft, como nós a conhecemos hoje, só existe porque Bill Gates e seus sócios estavam em uma situação financeira caótica e prestes a desistir de tudo. Podemos imaginar como esse tipo de pressão é terrível, mas foi exatamente essa pressão que jogou Gates em uma zona de total desconforto, que o fez criar e executar uma saída que o deixaria milionário em pouquíssimo tempo.

Em 1980, Bill Gates conseguiu convencer os executivos da IBM a negociarem com ele o licenciamento do sistema operacional do primeiro PC que a IBM lançaria em 1980. A empresa era uma "gigante" da informática na época e estava prestes a entrar no segmento de microcomputadores. Sabendo disso, Bill Gates fez um movimento criativo e muito arriscado. Ele manteve o sangue-frio diante da eminente falência da então pequena Microsoft e "bateu na porta" da gigante IBM com uma proposta. Ele forneceria o sistema operacional para o PC da IBM, em troca de um valor considerado muito baixo para uma operação como essa, mas manteria a licença do produto, ou seja, a IBM pagaria um valor inicial a Gates, de 8 milhões de dólares, e depois, a cada PC vendido, a IBM pagaria um pequeno valor como licença à Microsoft. Como era de se esperar, o PC da IBM se tornou um sucesso instantâneo de vendas, e Gates e seus sócios passaram a receber uma fortuna mensalmente. Além disso, por ter mantido a propriedade da licença do sistema operacional, batizado de DOS, a Microsoft podia vender esse sistema livremente no mercado internacional.

Um dos aspectos mais curiosos dessa negociação que Bill Gates conseguiu realizar com a IBM é que, quando ele e seu sócio, Paul Allen, foram até a IBM para fazer a tal proposta, eles não tinham nada parecido com um sistema operacional para oferecer. Gates pensou que, se conseguisse fechar com a IBM, "correria atrás" de alguém que já tivesse um, faria as devidas adaptações e aí teria realmente um sistema operacional em mãos. E foi isso que ele fez. Após fechar o negócio com a IBM, Gates falou com seu sócio, Paul Allen que conhecia uma pessoa que havia criado um sistema operacional, mas que não havia conseguido colocá-lo no mercado. A Microsoft fez uma oferta de 50 mil dólares por esse sistema operacional, que acabou gerando uma fortuna para a empresa e seus fundadores.

Bill Gates só fez esse movimento ousado exatamente porque estava passando por um momento de pressão extrema. São muitos os exemplos e casos de empresários que fizeram fortuna quando estavam passando por momentos muito difíceis. Portanto, passe a encarar o fato de que sair da sua zona de conforto e atravessar momentos difíceis trará oportunidades para o seu crescimento pessoal e profissional.

Lembre-se de que até as coisas mais difíceis são possíveis e que para todas as situações difíceis, mesmo com pressões incríveis, há uma ou várias saídas. Nesses momentos em que você estiver se sentindo perdido e não souber o que fazer, você só precisa ter "sangue-frio" e a certeza de que vai conseguir; você precisa acreditar nisso, planejar e agir. A maioria das pessoas sucumbe nesses momentos porque não consegue ter clareza na visão e nas alternativas. Elas só conseguem enxergar o problema e não conseguem focar nas soluções, devido ao desespero. Se você conseguir manter o foco, conseguirá enxergar oportunidades e alternativas.

Nas situações em que estiver sob pressão, o maior inimigo será a sua mente. Nesses casos, os pensamentos negativos costumam tomar conta da mente e a única forma de controlar isso é aprender a escolher seus pensamentos. Essa é uma habilidade que você pode treinar, sozinho ou com a ajuda de atividades como a meditação, Yoga, artes marciais ou, também, com a ajuda profissional de um psicólogo. Os seus pensamentos são a única coisa que você precisa controlar nesses momentos.

Nas artes marciais, todos os lutadores que praticam há algum tempo já passaram pela situação de serem encurralados em um lugar, recebendo golpes fortes de um oponente agressivo. Nesses momentos, para os iniciantes, o sentimento é de desespero total, pois não parece haver saída e, com isso, a derrota é quase inevitável.

Os lutadores experientes, por sua vez, antecipam esses momentos e acabam evitando que eles aconteçam. Mesmo assim, quando isso acontece, eles conseguem ter a frieza necessária para avaliar rapidamente as opções e buscar novas saídas que, muitas vezes, são decisivas não só para sair de um momento que pode parecer sem esperança, mas, muitas vezes, encontrar nesse momento a oportunidade para virar a luta e vencer.

Quando eu era adolescente e estava na faixa azul do Taekwondo, fui chamado pelo meu mestre para uma luta. Ele me encurralou em um canto da sala e não parava de desferir socos e chutes. Eu não sabia o que fazer e ele, como bom mestre, mandava que eu "me virasse" e conseguisse sair dali, ou ele ficaria me batendo indefinidamente. Eu criei coragem, ataquei, saí rapidamente, mas não antes de levar um forte chute na cabeça. Doeu muito, mas eu aprendi que era capaz de sair de situações "impossíveis" como aquela. Essa foi uma das maiores lições que tive no Taekwondo e que levei para a minha vida.

O lutador, quando está com medo e se sente acuado, é nesse momento que ele ataca. O bom guerreiro nunca se permite ser acuado em um lugar sem saída. O campo de batalha precisa estar na mente o tempo todo e as saídas sempre prontas para serem usadas.

O bom lutador consegue ter uma velocidade mental mais rápida do que a maioria das pessoas. Ele consegue processar informações mais rapidamente, o que faz com que ele tenha o "superpoder" de perceber um movimento muito rápido de seu oponente, raciocinar e encontrar a melhor forma de se esquivar, defender e contra-atacar. Chega a ser quase como vemos no filme *Matrix*, quando o personagem Neo, interpretado por Keanu Reeves, consegue ver os movimentos de seus oponentes em câmera lenta e realizar os contra-ataques com total precisão. Um bom lutador também consegue prever um chute ou soco vindo em sua direção e tomar ações evasivas ou simplesmente contra-atacar com sucesso. Esse "superpoder" é algo muito importante também para o empreendedor.

Em muitas situações de estresse, o empresário acaba tendo a necessidade de tomar decisões rápidas, com base em poucas informações. Ter o panorama mais claro possível e conseguir processar todas as informações rapidamente é vital para obter os melhores resultados possíveis ou, simplesmente, reverter um problema mais sério.

É importante lembrar que você não deve esperar que a vida seja sempre justa. Em campeonatos de Taekwondo ou em lutas reais, sempre existem os que lutam de maneira desonesta e cruel. Esteja preparado para isso o tempo todo. A injustiça não pode pegar você de surpresa. Isso também acontece nos negócios e você precisa estar atento o tempo todo.

Essas deslealdades podem acontecer dentro e fora da sua empresa. Muitas vezes, funcionários desonestos acabam criando problemas sérios, como causas trabalhistas, ou simplesmente trabalham provocando uma série de pequenos problemas, deixando o clima na empresa mais "pesado". Cada caso deve ser avaliado adequadamente e as devidas medidas devem ser tomadas. Algumas vezes, a única solução para casos assim é a demissão do funcionário, mas, muitas vezes, um redirecionamento, uma nova abordagem pode colocá-lo "nos trilhos" novamente.

Acaba sendo muito difícil trabalhar com funcionários indolentes. Pessoas preguiçosas trabalham pouco, têm rendimento baixo e, na maioria dos casos, não enxergam que trabalham pouco e ainda acreditam que deveriam ter e ser mais do que são. Em contrapartida, funcionários com perfil vencedor trabalham muito e sempre acham que poderiam fazer mais; dessa forma, estão sempre procurando se aprimorar e ajudar a empresa a crescer.

Outra situação muito comum nos negócios é a concorrência desleal, que pode ser feita por diversas práticas comerciais reprováveis e que também precisa ser analisada caso a caso.

Especialmente na área comercial, práticas como subornos a compradores acabam fazendo com que empresas com produtos de qualidade inferior ou com condições comerciais piores acabem vencendo concorrências ou licitações, ou conseguindo negociações e vendas melhores do que empresas que atuam de maneira correta. Essa guerra comercial é travada entre profissionais com perfil e histórico de vitórias em negociações, mas nem sempre vence o mais honesto.

Perder a calma em situações de pressão é um sinal de fraqueza, de que você não consegue controlar bem suas emoções e, com isso, não consegue tomar atitudes baseadas em lógica e bom senso. É crucial que você saiba controlar as suas emoções para obter sucesso na vida, para que você alcance os seus maiores objetivos.

Em uma luta de Taekwondo ou outra arte marcial, quem perde o controle emocional durante o combate acaba perdendo a luta, porque não consegue raciocinar e manter qualquer tipo de estratégia, abre a guarda e não aproveita oportunidades. Os melhores lutadores são aqueles que conseguem manter a calma, mesmo que estejam em desvantagem. Isso porque somente com calma e clareza é possível pensar em formas de vencer um oponente que, muitas vezes, é maior e mais forte.

No "Espírito do Taekwondo", mencionado no Capítulo 2, somos ensinados a manter o "domínio sobre si mesmo". Esse é um dos principais dentre os ensinamentos filosóficos do Taekwondo, tão importantes que temos a obrigação de recitá-los em voz alta no início de cada aula, junto com o "Juramento do Taekwondo". Esse ensinamento é algo que deve ser inserido em sua vida pessoal e nos negócios, como norte para as suas ações, mesmo que você não pratique o Taekwondo ou qualquer arte marcial.

Você precisa ter controle sobre vários aspectos relacionados à sua vida, embora não possa controlar as pessoas ao seu redor e o que elas fazem. Tentar controlar os outros é algo desgastante e que desvia o seu foco do que realmente importa, que é o que você pode fazer de melhor. Não tente mudar os outros; se for preciso, concentre-se em mudar a si mesmo. A luta que você trava diariamente é contra a pessoa que você vê no espelho e mais ninguém. Lembre-se: todos os dias você precisa se tornar um pouco melhor do que era ontem.

“

Em momentos de caos,
mantenha a calma.
O grande lutador nunca
perde a calma e sempre avalia
as alternativas para atacar
e contra-atacar.
A vitória nos negócios sempre
dependerá de sangue-frio,
assim como em um
combate de Taekwondo.

”

• CAPÍTULO 8 •

O que mais importa é o quanto você consegue apanhar e resistir

Uma das premissas maiores para todos os praticantes de artes marciais, de qualquer modalidade, é que para ser um grande lutador, um campeão mesmo, é necessário ter uma grande capacidade de absorver golpes fortes e em grande quantidade. Isso também acontece na vida de todas as pessoas. Todos nós enfrentamos problemas dos mais diversos e com maior ou menor grau de gravidade. Muitas vezes parece que não há saída para esses problemas, mas, com o passar do tempo, entendemos que existem momentos em que é preciso que as coisas desmoronem ao nosso redor, para que outras coisas melhores surjam.

Quando coisas ruins acontecem, percebemos que passamos por um problema para que a solução dele nos coloque em uma situação melhor do que a que estávamos. Esses problemas e suas soluções precisam ser fontes de motivação para você! Muitos filmes e livros abordam momentos assim.

Em uma cena do filme *Rocky Balboa*, o protagonista, representado por Sylvester Stallone, faz o que eu considero o melhor discurso motivacional já apresentado em um filme de Hollywood. A fala é direcionada ao seu filho, Rocky Balboa Junior, interpretado por Milo Ventimiglia. Na cena em questão, o filho de Rocky reclama da vida e coloca parte da culpa por seus problemas em seu pai, criticando-o duramente. Rocky, por sua vez, "cala a boca" de seu filho com uma lição de moral que pode ser aplicada à vida de qualquer ser humano. Aqui vai a íntegra do discurso de Rocky, em tradução livre:

Você não vai acreditar nisso, mas você costumava caber bem aqui. (Rocky aponta para a palma de sua mão). Eu segurava você bem alto e dizia para sua mãe, "Este menino vai ser o melhor menino do mundo. Este garoto um dia será alguém melhor do que qualquer um que nós já conhecemos". E você cresceu maravilhosamente bem. Foi ótimo te acompanhar, cada dia era um privilégio.

Então chegou a hora de você crescer e conquistar o mundo, e você o fez. Mas em algum momento ao longo do caminho, você mudou. Você deixou de ser você mesmo. Você deixou que as pessoas colocassem o dedo na sua cara e dissessem que você não é bom o suficiente. E quando as coisas ficaram difíceis, você começou a procurar alguma coisa para culpar, como uma grande sombra.

Deixe-me dizer algo que você já sabe: o mundo não é feito apenas de raios de sol e arco-íris. É um lugar mal e desagradável, e não importa o quão durão você seja, ele vai te bater até que esteja de joelhos e vai te manter assim permanentemente se você permitir. Nem você, nem eu, nem ninguém vai bater tão forte quanto a vida. Mas a questão não é o quão forte você bate, mas sim o quanto você aguenta apanhar e continuar seguindo em frente. O quanto você resiste e continua seguindo adiante. É assim que os vencedores fazem!

Se você sabe o seu valor, então vá à luta e conquiste o que é seu! Mas você precisa estar disposto a receber os golpes, e não ficar apontando o dedo e dizendo que não está onde quer por causa dele, ou dela, ou de qualquer pessoa! Covardes fazem isso é você não é assim! Você é melhor do que isso!

Eu sempre o amarei, não importa o que aconteça. Você é meu filho e você é o meu sangue. Você é a melhor coisa da minha vida. Mas até que você comece a acreditar em si mesmo, você não terá uma vida.

Este é um discurso que mudou a vida e a forma de pensar de muitas pessoas. São palavras fortes, verdadeiras e totalmente de acordo com os conceitos ligados às artes marciais: os grandes vencedores precisam ser capazes de aguentar as "pancadas" que a vida aplica. Os socos da vida doem e quando você se jogar em uma jornada empreendedora, certamente vai levar muitos socos e chutes da vida, mas nada é mais recompensador do que vencer essas batalhas e a guerra como um todo, ao conseguir "emplacar" o seu negócio, obter sucesso e a liberdade financeira que somente empreendedores vencedores conseguem ter.

Todas as vezes que você enfrentar dificuldades nos seus negócios, pode acreditar, você sairá fortalecido, e no próximo desafio você encontrará mais clareza nos seus pensamentos e ações.

Deus o testará sempre, não só para ver o quanto consegue aguentar, mas para ensinar a você, para que consiga seguir sempre mais fortalecido. Ele quer mostrar o quanto você consegue, e provar que você é mais forte do que imagina.

Quando você perceber que está conseguindo enfrentar as batalhas diárias, sem se machucar com as "pancadas" que recebe, este será o momento em que o sucesso entrará rapidamente na sua vida. Os golpes que você enfrenta na sua jornada como empreendedor são a principal força que você terá para atingir os seus objetivos.

Você vai ouvir conselhos de pessoas que tentarão lhe dar forças para continuar, mas nada será mais valioso do que os "tombos" que você levar. Lembre-se, você segue sozinho nessa jornada do empreendedorismo – vai perder e ganhar sozinho. Você vai errar, vai aprender e vai acertar sozinho. Mas a vitória será sua, só sua!

Os resultados dessa vitória, por sua vez, você poderá compartilhar com quem quiser, sua família, seus amigos, e até mesmo com desconhecidos, ajudando pessoas necessitadas, mas a vitória será única e exclusivamente sua!

Para vencer qualquer tipo de luta ou batalha, seja em um campeonato de Taekwondo, seja em uma mesa de reunião ou realizando vendas na rua, é preciso motivação. A motivação é a mola que impulsiona o ser humano a fazer qualquer coisa e sua força não pode ser menosprezada.

Todos nós experimentamos "altos e baixos" emocionais. Nem sempre estamos totalmente motivados, com vontade, disposição ou mesmo fisicamente bem-dispostos.

A motivação tem um poder gigantesco em nossa vida. Estar motivado para competir, lutar, trabalhar, enriquecer, ajudar pessoas, criar algo, ou ter qualquer outro motivo que possa deixar um ser humano com mais disposição para fazer alguma coisa específica, faz com que os resultados sejam melhores, maiores e aconteçam mais rapidamente. Entretanto, como mencionei, nem sempre estamos motivados a fazer algo que consideramos importante ou mesmo vital. É nesses momentos que a disciplina atua de maneira muito direta: se você for disciplinado, mesmo sem a motivação necessária, acabará fazendo o que precisa ser feito.

Entretanto, motivação é um sentimento que pode ser cultivado, e que pode ser trabalhado até mesmo de forma profissional. São muitas as formas que possibilitam a você despertar, aumentar ou manter um bom nível de motivação. Em primeiro lugar, livros motivacionais têm sido uma fonte de força e inspiração para as pessoas há muito tempo. Filmes também podem ser muito eficientes para "mexer" com a sua motivação, além de palestras e cursos motivacionais.

Um dos aprendizados práticos mais importantes para qualquer empreendedor é estudar casos de outros empreendedores e tirar lições úteis. Essa prática é importante não só pelo aspecto instrutivo, mas também pelo aspecto motivacional. Meu pai costumava dizer que "a experiência mais barata é a experiência dos outros" e isso é uma grande verdade.

Se você toma conhecimento de um caso de sucesso ou fracasso, que envolva algo que você está pensando em fazer, deve levar em consideração o que ocorreu com aqueles que fizeram essa mesma escolha. Primeiro aproveitamos a experiência dos outros em nossos negócios, e depois, com o tempo, criamos as nossas próprias experiências e passamos a entender o que costuma funcionar ou não para nós.

Vamos falar especificamente de motivação para empreender. Muitos filmes e livros que mostram a trajetória de grandes empreendedores são uma ótima fonte de motivação. Entender como alguns dos maiores empreendedores de todos os tempos, como Henry Ford, Bill Gates, Jeff Bezos, Elon Musk e muitos outros criaram seus negócios e os elevaram a um nível planetário é uma forma de despertar motivação e, também, de aprender com os erros e acertos daqueles que já obtiveram muito sucesso. Essas histórias de vencedores já despertaram o espírito empreendedor em muitas pessoas e também deram força para muitos empreendedores que, ao passar pelas grandes dificuldades inerentes ao empreendedorismo, estavam fraquejando e conseguiram voltar aos negócios com toda a força, graças aos exemplos dessas figuras históricas do empreendedorismo.

Existem, também, canais no YouTube e podcasts que abordam a motivação. São conteúdos, na sua maioria, genéricos, que não tratam especificamente de motivação para o empreendedorismo, para os esportes ou outra área específica, mas podem ser uma grande fonte de motivação e força, especialmente para enfrentar dificuldades.

A motivação é uma força que não deve ser subestimada e que pode vir de muitos lugares, até mesmo de filmes e livros de ficção. Isso porque uma pessoa pode se imaginar como um determinado personagem e com isso criar a motivação necessária para perseguir o sucesso. A motivação pode vir da sua família, ou de conversas com amigos, mas o importante é que você procure a motivação para seguir em sua jornada empreendedora, e mesmo que não a encontre da forma que gostaria, a sua disciplina deverá ser forte o suficiente para que você resista e continue no seu caminho com força e persistência.

Eu costumo dizer que a motivação é acionada em nosso cérebro por um "clique", porque parece que ela surge de um momento para o outro, sendo despertada por alguma coisa que vivenciamos, como uma simples conversa com um amigo, ao ler um livro, assistir a um filme ou vídeo que nos mova de algum modo, provocando sentimentos pessoais que nos "empurrem" para seguir em frente com mais determinação, e muitas outras situações que podem despertar essa motivação, essa força interior que todos nós temos, mas que, na maioria das vezes, está adormecida ou enfraquecida.

Nas artes marciais, assim como nos negócios, a motivação pode ser um fator decisivo para o sucesso. Aos 15 anos de idade, quando eu era um adolescente quase que "obcecado" pelos treinos de Taekwondo, o que mais me motivava eram filmes de ação. Eu assistia a muitos filmes chineses de luta, incluindo os clássicos do mais famoso artista marcial de todos os tempos, Bruce Lee. Os filmes de Bruce Lee, assim como os de outro famoso artista marcial chinês, Jackie Chan, foram grandes fontes de motivação para mim, para que eu seguisse treinando com garra e conseguisse chegar à mais alta graduação, conquistando a faixa preta e seguindo até a faixa preta 6º dan.

Nessa mesma época da minha vida, uma motivação "extra" acabou surgindo, para que eu me tornasse um lutador melhor, capaz de vencer combates mais difíceis. Houve um campeonato importante do qual participei, junto com toda a equipe da minha academia. Eram dez categorias de peso e eu estava inscrito para representar a minha academia na categoria dos pesos leves. Já na primeira luta eliminatória eu perdi "feio" para o meu oponente, o que me deixou bastante envergonhado. Os meus colegas chegaram a debochar de mim, pela forma como eu havia perdido, especialmente porque todo o resto dos competidores da academia (um competidor por cada categoria de peso), havia conquistado a medalha de ouro ou a de prata. Apenas eu havia perdido logo na primeira luta e não tinha recebido nenhuma medalha. Para mim, foi muito constrangedor.

Fiquei tão mal com aquilo que cheguei a pensar em mudar de academia, mas foi aí que eu decidi enfrentar a todos, treinar muito mais e me preparar para o campeonato seguinte, no qual eu conquistei a medalha de prata, após ter perdido para o então campeão brasileiro da categoria, por muito pouco. Com aquele resultado, recuperei a minha autoestima e o respeito dos meus colegas. Depois eu entendi que a minha motivação não foi apenas a de me tornar um lutador melhor, mas sim a de poder mostrar aos meus colegas o meu valor.

A motivação costuma vir de razões bem pessoais, porque realmente vale a pena lutar por ambições pessoais. Isso é algo que você precisa fazer, ou poderá se arrepender pelo resto da vida e, talvez, nem consiga ter uma vida tão feliz. É comum as pessoas embarcarem em jornadas empreendedoras para poder criar boas condições de vida para a família, mas antes de lutar por alguém, você deve lutar por si mesmo, pois se você não estiver feliz, não conseguirá fazer ninguém feliz.

"Todas as vezes que você enfrentar dificuldades nos seus negócios, pode acreditar, você sairá fortalecido, e no próximo desafio você encontrará mais clareza nos seus pensamentos e ações."

• CAPÍTULO 9 •

Sem objetivos definidos e metas para cumprir, seus sonhos nunca se realizarão

A decisão de empreender em um novo negócio é uma resolução que envolve mudar de vida. Significa que você não está totalmente feliz com a vida que está levando, e que deseja mais, quer alcançar um nível de liberdade financeira e empreender em algo que faça sentido para você. Para mudar de vida, você precisa ter a coragem de assumir que onde você está e o que está fazendo não é o que você quer para a sua vida e terá que fazer algo diferente.

Para mudar os resultados, você precisa fazer coisas diferentes, mesmo que signifique mudar completamente a sua vida, aprender algo totalmente novo. Para conseguir resultados diferentes, você precisa fazer coisas diferentes. Essa é uma constatação simples e verdadeira. Se você descobrir que outra atividade, completamente diferente da que você faz, pode conduzi-lo na direção que você quer, tenha a coragem de "embarcar" e comece uma nova batalha. Só que agora, você vai lutar pelo futuro que gostaria de viver. Se vai conseguir ou não, só depende de você.

Todo início de ano, quando falo aos alunos da academia de Taekwondo sobre o ano que se inicia e o que podemos fazer com o tempo definido que se encontra à nossa frente, eu digo que devemos criar objetivos claros para nos aprimorarmos, até o final do ano. Esses objetivos, para um praticante de Taekwondo ou de qualquer outra arte marcial, costumam ser: melhorar o preparo físico, aumentar a flexibilidade (importante para os praticantes de Taekwondo, que precisam chutar muito e alto), lutar melhor (treinar mais combates), participar e vencer campeonatos de luta, participar e vencer campeonatos de *pomsaes* (pronuncia-se "pomsês", e são sequências de movimentos – chutes e socos – que fazem parte do currículo de todas as faixas) e ser promovido e alcançar uma ou mais faixas acima, chegando mais perto ou conquistando a faixa preta.

Tendo essas possibilidades de objetivos, eu digo aos alunos que eles devem focar em um, dois ou, no máximo, três objetivos. Tendo feito isto, explico que eles precisam estabelecer metas com prazos curtos. Um ano pode parecer muito, mas para construirmos as bases para alcançar objetivos leva tempo! Ou seja, se você definir seus objetivos no começo do ano e disser a si mesmo que tem até o final do ano para alcançar esse objetivo, você acabará deixando tudo para o final do ano e é muito provável que não chegue aonde gostaria.

No caso dos alunos da academia, eu enfatizo que eles precisam estabelecer pequenas metas mensais ou, de preferência, semanais. Se essas metas semanais forem cumpridas (ou, pelo menos, a maioria delas), no final do ano eles conseguirão alcançar seus objetivos, ou estarão muito perto de conseguir.

A correspondência dessa "fórmula" das artes marciais com o mundo do empreendedorismo é bem clara. Vou dar um exemplo de um empreendedor que vende algum produto para pequenas lojas de varejo. Digamos que o valor de venda unitário do produto seja R$100,00 e cada loja compre, em média, 10 peças por mês, pagando R$1000,00. Como hoje ele tem 10 clientes, seu faturamento médio mensal é de R$10.000,00.

Se o objetivo for aumentar o faturamento para R$130.000,00 em um ano, significa que ele tem que aumentar o número de pontos de venda, à uma proporção de 10 novas lojas por mês. Se em um determinado mês ele não atingir a meta, deixando faltar, por exemplo, 2 lojas, ele poderá tentar recuperar conquistando 12 clientes no mês seguinte. Assim fica muito mais fácil atingir o objetivo. Mas caso o empreendedor em questão pense, no início do ano, que "será fácil conquistar 120 novos clientes" e não criar metas mensais ou semanais, será muito mais difícil conseguir atingir o seu objetivo até o final do ano.

Outro aspecto importante para ser abordado neste capítulo é a possibilidade de você ter que tomar uma decisão "drástica", mudar sua vida totalmente e trilhar um novo caminho. Como eu cito algumas vezes no decorrer deste livro, tanto no caso de estar trabalhando em um emprego fixo que não o satisfaz e ainda não paga o que você gostaria, quanto já ser um empreendedor que tem um negócio, mas que não esteja indo bem, é preciso avaliar a possibilidade de uma mudança "drástica" e tentar mudar totalmente de área de atuação. Esse tipo de decisão deve levar em conta muitos fatores, entre eles o que você gostaria de fazer, as possibilidades de retorno financeiro, quanto você teria disponível para investir, o seu nível de conhecimento sobre a área onde estiver cogitando trabalhar, entre outros.

Eu conheço (e você talvez conheça também) pessoas que deixaram seu emprego e investiram todo o dinheiro que tinham em um negócio, outras que tiveram uma ideia de negócio, criaram um *business plan* (plano de negócios) e procuraram investidores para seus empreendimentos e outras ainda que começaram um negócio que quase não exige capital inicial para investimento, como os negócios digitais – realizados exclusivamente pela Internet –, em especial, o sistema de marketing de afiliados, uma área que não para de crescer. O importante é saber fazer a melhor opção e começar a empreender onde houver melhores possibilidades.

Processo de decisão: o que você quer fazer?

Quando você decide empreender, mudar de vida e realizar o sonho de se tornar um empreendedor de sucesso, além de precisar estar disposto a lutar como em um combate de artes marciais, você precisa saber o que quer fazer. Ninguém chega a lugar algum se não souber para onde quer ir.

Antes de se aprofundar em questões financeiras, avaliando em que áreas você poderia empreender de maneira lucrativa, pense bem e faça uma lista com as atividades que gostaria de exercer, ou seja, o que você realmente gosta e com o que sentiria prazer em trabalhar, ou seja, atividades que poderiam fazer com que você se sentisse mais realizado se trabalhasse com elas. Isso é importante, não só para ver se você poderia ou não trabalhar com algo que gosta, mas pela certeza de que, se você trabalhar com algo que realmente aprecie fazer, seus resultados provavelmente serão superiores aos que atingiria se trabalhasse com algo que não é do seu interesse.

Depois, pense em alguma atividade, dentre as que são atrativas para você, que possa se tornar lucrativa, então estude e aprenda tudo que puder sobre o assunto. Leia, pesquise na Internet, converse com pessoas dessa área, se possível, e aprenda o máximo que puder. Quando tiver as informações principais e a convicção de que o negócio poderá ser lucrativo, comece imediatamente. Não espere ter todas as informações, saber tudo sobre o assunto, e não se iluda aguardando pelo "momento certo" para começar. Se fizer isso, não começará nunca. As duas perguntas básicas que você precisa responder antes de começar a "se mexer" são: "o que eu quero fazer?" e "como vou fazer?".

Para ajudar no seu processo de decisão do que fazer para mudar a sua vida e realizar seus sonhos, você pode utilizar uma "fórmula" bastante antiga, mas que é extremamente eficiente.

Pegue um pedaço de papel e escreva 10 metas que você queira atingir nos próximos 12 meses. Eu falo 12 meses, porque é um período razoavelmente bom para a implantação de um projeto empreendedor com resultados concretos. Escreva sem pressa, pense bem e liste as 10 metas que você gostaria de atingir na sua vida. Em seguida, imagine que você poderá atingir apenas uma dessas metas, mas que já a alcançaria em 24 horas. Qual dessas metas seria? Você precisa levar em consideração qual dessas metas trará o maior impacto positivo na sua vida, qual delas você realmente gostaria mais de alcançar ou gostaria de alcançar primeiro.

Como se trata de um exercício para você entender um pouco mais sobre o que seria melhor para a sua vida, pense em metas financeiras, pessoais e profissionais. Você vai se surpreender com as respostas que encontrará e, principalmente, verá que o que mais deseja era algo que talvez você nunca fosse fazer, simplesmente porque não pensou bem sobre isso e não havia se dado conta!

Tenho certeza de que, depois de encontrar essas respostas, você estará disposto a começar o mais rápido possível!

Foco total nos seus objetivos e no trabalho

Como já mencionei várias vezes, ter foco ou "visão", como dizemos no Taekwondo, é um dos fatores críticos para o sucesso. Um lutador que não tenha foco, concentração total durante uma luta, certamente acabará levando um chute na cabeça e correrá o risco não só de perder a luta, mas de ser nocauteado.

As distrações para um lutador podem ser a torcida fazendo barulho ou seus próprios pensamentos, gerando dúvidas sobre a sua capacidade de vencer. Para um empreendedor, as distrações que levam à perda de foco e concentração podem ser muitas. A primeira distração externa costuma vir dos "palpites" e críticas que o empreendedor escuta.

Para gerir bem o seu negócio, você vai precisar abstrair-se totalmente das críticas. As sugestões você pode avaliar friamente e, então, decidir o que pode ser aproveitado ou descartado. É preciso administrar bem a sua empresa, focar no trabalho, no que você pode fazer de melhor e deixar de lado coisas como trabalhar apenas para vencer a concorrência. Você precisa vencer a si mesmo e não os seus concorrentes.

Enquanto estiver trabalhando, você precisa manter o foco, a concentração total no que estiver fazendo, evitando qualquer tipo de distração. Deixar o celular de lado, se ele não estiver sendo utilizado para o trabalho executado naquele momento, é uma necessidade básica, mas, o mais desafiador será sempre conseguir manter seus pensamentos sob controle para não perder o foco e a concentração. Isso é uma questão de ter o "domínio sobre si", ou autocontrole.

Saber manter o controle do seu foco é algo que requer treinamento, mas conforme você vai evoluindo nesse autocontrole, as suas tarefas começam a ficar mais simples e mais rápidas. Você verá o quanto a sua produtividade pode aumentar à medida que o seu foco vai aumentando.

É possível perceber o aumento de produtividade quando se der conta de que, por exemplo, conseguiu ficar 100% focado em alguma tarefa por 15 ou 20 minutos. Você vai se dar conta de que, durante esse tempo, foi capaz de fazer mais do que costuma fazer em uma hora inteira. Isso vai fazer com que você, quando voltar ao trabalho, consiga manter o foco por um pouco mais de tempo, e assim sucessivamente, até perceber que consegue manter o foco por um longo período. Será nessa condição que você terá se tornado uma pessoa altamente produtiva.

Mantenha em vista 100% do seu tempo, os seus objetivos e os resultados financeiros que deseja atingir. Você precisa chegar rápido a esses resultados e precisa pensar e executar estratégias que permitem atingir suas metas rapidamente; para isso, deve encontrar formas de aumentar a escala do negócio como um todo.

Com as dificuldades que os empreendedores encontram pelo caminho, muitos acabam sucumbindo à "tentação" de reclamar. Além de não atingir seus objetivos, ainda perdem tempo e energia justificando para si e para os outros que não era possível conseguir. Isso é o mesmo que admitir a sua derrota e desistir dos seus sonhos.

Tudo pode ser feito, desde que você não desista e continue acreditando, mesmo quando tudo parecer perdido. Aliás, são nesses momentos, quando tudo parece perdido, que a maioria dos empreendedores de sucesso acaba se superando, voltando para um caminho de vitórias e com as forças renovadas. Quando você fraquejar, e isso muito provavelmente vai acontecer, lembre-se dos motivos que o fizeram iniciar a sua jornada empreendedora.

Nos momentos em que você desanimar ou fraquejar, você precisa lutar para superar esses sentimentos negativos o mais rápido possível. Não deixe que os pensamentos negativos – que estão somente dentro da sua cabeça – o impeçam de seguir em frente. A sua disciplina precisa estar fortalecida, para que você consiga absorver e reverter os problemas que sempre surgem no caminho dos empreendedores.

O empreendedor tem um caminho solitário. Ninguém vai percorrê-lo no seu lugar, só você vai poder realmente resolver seus problemas e trilhar seu caminho para o sucesso. Faça o que precisa ser feito, ainda que esteja desanimado, cansado ou com medo. Use o medo para fortalecer a sua determinação. Lute com todas as suas forças e você conseguirá. Lembre-se de que a disciplina consiste em fazer o que precisa ser feito, mesmo sem estar com disposição, ou com vontade de executar as tarefas necessárias. Você vai ter que fazer muitas coisas desagradáveis para chegar aonde deseja estar e, para isso, vai precisar aprender a dominar as suas emoções.

Dominar as suas emoções é vital para manter a clareza de pensamentos e o raciocínio lógico. Você precisa aprender a controlar os seus pensamentos e saber escolher o que pensa. Dessa forma ficará muito mais fácil manter o foco e executar o seu trabalho de forma inteligente e eficiente.

“Para conseguir resultados diferentes, você precisa fazer coisas diferentes. Essa é uma constatação simples e verdadeira.”

• CAPÍTULO 10 •

Foco e produtividade

Você já imaginou o nível de foco e concentração de um lutador de artes marciais mediante uma pilha com 15 telhas, ou uma barra de gelo de 30 cm de espessura ou outra coisa que ele estiver prestes a quebrar com um chute, um soco ou mesmo com uma cabeçada? Acredito que você já tenha assistido a alguma demonstração desse tipo, nem que tenha sido em um vídeo na Internet. É impressionante! Mas nenhum praticante de artes marciais consegue fazer isso sem estar 100% focado no que está prestes a realizar: ou ele consegue executar o teste de quebramento ou vai se machucar muito feio, até mesmo com risco de sofrer alguma fratura.

Esse tipo de foco em uma atividade é muito importante para qualquer empreendedor. Se você conseguir desenvolver essa característica poderá ter vantagens competitivas gigantescas, e isso realmente não é um exagero.

Como menciono em vários trechos deste livro, a disciplina é a base para o sucesso de qualquer empreendedor, mas o foco nas atividades, que é o passo seguinte, também é vital. Tarefas feitas com alto nível de foco e concentração serão executadas de maneira mais eficiente e, com isso, a sua produtividade será mais elevada.

Produtividade, por definição é a eficiência na produção, que pode referir-se a produtos ou a qualquer tarefa que você tenha que desempenhar. A sua produtividade pessoal, como empreendedor, impacta diretamente na produtividade dos seus funcionários e da sua empresa como um todo.

A produtividade é um fator tão importante que há um índice utilizado em todo o mundo, que mede a produtividade de todos os países. Esse índice mostra o quão eficientes são os trabalhadores de cada país. Infelizmente, a produtividade do trabalhador brasileiro é uma das mais baixas do mundo, mas, como isso é um índice que avalia a média dos trabalhadores, você certamente tem um índice bem mais elevado e pode melhorar ainda mais, aprendendo técnicas que o ajudarão a melhorar a sua capacidade de focar. O foco, aliado à disciplina e à consistência, fará de você uma pessoa com alta produtividade e, com isso, seus resultados serão cada vez melhores.

Grandes empreendedores de sucesso costumam ter características diferenciadas e uma delas é a capacidade de ter um "superfoco" nas suas tarefas. Um dos segredos para conseguir manter-se focado no trabalho é executar uma tarefa por vez e não sobrecarregar o seu dia com muitas coisas. É melhor executar bem uma, duas ou, no máximo, três tarefas por dia do que executar cinco tarefas de maneira negligente.

Existe uma diferença muito importante entre as tarefas mais "braçais" e as tarefas mais "intelectuais". As tarefas que demandam mais raciocínio, que envolvam muitos detalhes, costumam ser aquelas que você deve executar individualmente, uma de cada vez, enquanto as tarefas mais braçais, que demandam menor esforço de raciocínio, não precisam ser feitas, necessariamente, uma a uma. Existem situações nas quais os funcionários de uma fábrica conseguem operar duas máquinas simultaneamente, pois são tarefas que não exigem muito esforço intelectual, por se tratar de tarefas "mecânicas", que a pessoa pode fazer até mesmo se estiver com o "cérebro desligado".

O importante é que você tenha sempre em mente que precisa aprender a trabalhar menos com maior rendimento, para poder aproveitar melhor o seu tempo. Digamos que uma determinada tarefa que você precisa executar, um planejamento financeiro, por exemplo, leve dois dias para ser finalizada. Não seria muito bom se você conseguisse realizar essa mesma tarefa em apenas um dia? Isso pode ser possível desde que você consiga manter um nível maior de foco. E no caso de uma tarefa mecânica que também requer dois dias de trabalho, por exemplo, se você conseguir coordenar essa tarefa com outra, ou seja, duas tarefas mecânicas sendo executadas simultaneamente, não seria uma incrível economia de tempo? Isso é aumentar a sua produtividade. E quando você aumenta a sua produtividade, você também aumenta a produtividade da sua empresa.

Existem muitas formas de você aumentar a produtividade na sua empresa, mas a principal é conseguir ter um time de funcionários que desempenhem suas tarefas com alta produtividade, que tragam resultados concretos para o seu negócio.

Não adianta, por exemplo, você ter um vendedor ativo, que saia todos os dias para visitar clientes, mas só consiga fazer poucas vendas no decorrer do mês e essas vendas sejam insuficientes até mesmo para manter a empresa "de pé". Você precisa de funcionários que realmente entreguem resultados e só aqueles com alta produtividade conseguirão fazer isso.

Existem diversas formas para aumentar a produtividade do seu time. Em primeiro lugar, o processo de seleção para a contratação de novos funcionários deve ser criterioso e elaborado, para a escolha de pessoas que, pelo seu histórico profissional, demonstrem a capacidade de exercer suas funções com foco e produtividade. Para os antigos funcionários, é importante promover ações que fomentem um trabalho focado e produtivo.

O seu exemplo, como líder, já é algo que pode impactar na produtividade. Se você for um líder que inspira e que demonstra ser focado, entregando alta produtividade, isso certamente trará um efeito muito benéfico para os funcionários, se não para todos, ao menos para os mais próximos. Esse exemplo pode se propagar, criando uma "onda" de melhora produtiva, mas existem outras coisas que podem e devem ser feitas para aumentar a produtividade. Isso é o que se chama de exemplo de um líder inspirador.

Alguns líderes inspiradores se tornaram famosos, como Jeff Bezos, Elon Musk e, aqui no Brasil, Silvio Santos, entre muitos outros. Esses empreendedores conseguem liderar suas equipes dando exemplos e inspirando com seus discursos e suas ações. Mesmo que nem sempre o relacionamento com seus subordinados seja o mais amável e "broncas" ocorram com alguma frequência, os funcionários sabem reconhecer, neles, uma liderança justa, exemplar e inspiradora. Esse é um fator importantíssimo para que todos os integrantes de uma empresa estejam motivados e consigam atingir um bom índice de produtividade.

Treinamentos e palestras de conscientização sobre como trabalhar com mais foco e disciplina, e aumentar a produtividade, são ferramentas poderosas para melhorar os resultados da empresa e criar uma cultura empresarial de excelência no trabalho. Outra "arma" para aumentar a produtividade da sua empresa é saber identificar talentos e mudar pessoas de áreas ou simplesmente mudar o tipo de tarefa dada para cada um. Isso é muito importante e pode trazer ótimos resultados práticos na produtividade.

Na minha empresa, há alguns anos, notei que um funcionário que havia sido contratado para atuar na área de vendas costumava conversar com a funcionária que cuidava da logística de entregas. Ele dava muitas opiniões ótimas para ela e, com isso, estávamos conseguindo reduzir custos e aumentar a eficiência nas entregas.

Depois de alguns meses, percebi que ele não era um bom vendedor, mas sua atuação como "palpiteiro" na logística era tão boa que decidi remanejá-lo para essa área, substituindo a funcionária que havia pedido demissão e contratando uma pessoa nova para a área de vendas. Esse remanejamento fez com que a produtividade da empresa rendesse melhor na logística, e com a contratação de outra pessoa para vendas, o faturamento subiu. Esse foi um remanejamento que realmente trouxe ótimos resultados, porque o novo responsável pela logística gostava dessa área e conseguia manter o foco na maior parte do dia, enquanto o novo vendedor, que era muito melhor, também trabalhava focado e entregava melhores resultados.

Como empreendedor, você é o único responsável por tudo que acontece na sua empresa, desde o planejamento estratégico, até os resultados apresentados pelos seus funcionários. A sua capacidade para administrar tudo ao seu redor precisa estar muito "afiada", pois, mesmo delegando ao máximo, você precisará entender o que está acontecendo e promover as ações estratégicas necessárias. Além do mais, administrar funcionários não é uma tarefa fácil, pois envolve algo muito complicado de gerir: o ego das pessoas. Para conseguir desempenhar com sucesso todas as suas funções, é preciso que você aprenda formas eficientes de gestão e consiga desempenhar o seu papel de líder com maestria.

Desenvolver a capacidade de manter um "superfoco" nas suas tarefas é uma ferramenta que trará resultados muito bons. Como eu já mencionei, um dos segredos para ter um grande foco no seu trabalho é saber escolher as atividades que você vai desempenhar, as que vai delegar parcialmente, as que vai delegar totalmente e como vai "fiscalizar" tudo isso e avaliar os resultados. Além dessas escolhas, você ainda precisa saber organizar o seu tempo e escolher cada uma das suas atividades, de acordo com a prioridade de execução. Basicamente, é como entrar em uma livraria, comprar vários livros, escolher a ordem em que serão lidos e, claro, ler um de cada vez, para conseguir absorver melhor o seu conteúdo.

Outro fator importante é que, na escolha da ordem das tarefas a serem executadas, você não pode cair em algumas "armadilhas" que a sua mente certamente criará. A mais comum dessas armadilhas é você escolher começar a executar primeiro as tarefas que mais lhe agradam. Essas tarefas podem não ser as prioritárias, mas você, muitas vezes, criará desculpas para si mesmo, justificando fazer o mais "divertido" primeiro. Você também será tentado pela sua mente a delegar tarefas "chatas", mesmo que elas sejam peças-chave para o seu negócio e você devesse acompanhá-las de perto. Esse tipo de armadilha que a sua mente cria acaba reduzindo o seu foco no que realmente importa: os resultados da sua empresa.

É importante que você também avalie, dentre todas as suas tarefas, o que pode ser considerado como trabalho desnecessário. Muitas vezes você perde tempo e foco realizando tarefas que sequer precisariam ser feitas e que, na melhor das hipóteses, poderiam ser delegadas totalmente, sem a necessidade de um controle mais próximo.

Existem muitas formas de você aproveitar melhor o seu tempo e conseguir focar mais em uma atividade e, com isso, aumentar a sua produtividade, mas existem alguns fatores simples que causam grandes distrações e são verdadeiros "desastres" para o seu foco. Você já se deu conta de quantas vezes você olha para o seu celular, durante uma hora, enquanto está trabalhando e tentando focar em uma determinada tarefa? Atualmente o celular é a maior distração que existe para qualquer pessoa e é capaz de "sugar" a atenção dela instantaneamente.

Mas você pode se perguntar por que o celular "roubaria" tanto o seu foco, se você olha para ele por apenas alguns segundos "de vez em quando"? Quando você pega o celular, mesmo que seja apenas para ler uma mensagem curta ou ver um post de rede social, por alguns segundos, o seu cérebro continua pensando no que você acabou de ver por alguns minutos, fazendo com que o foco na tarefa que você estiver executando diminua consideravelmente. Ou seja, além de perder tempo para pegar o celular, ler ou ver algo, você ainda fica mais lento ao voltar para a atividade que estava fazendo.

Para que você consiga desenvolver a capacidade de ter um "superfoco" em uma determinada atividade é preciso, necessariamente, treinar para isso. A nossa mente consegue ter um alto grau de foco em uma tarefa, mas a nossa tendência é dispersar rápido. A melhor forma para treinar o foco total em uma atividade é estabelecendo pequenas metas para esse tipo de foco. Exemplificando, seria da seguinte forma: você colocaria um despertador para tocar em 10 minutos, colocaria o celular virado para baixo, longe de você e começaria a trabalhar em uma tarefa do modo mais concentrado possível.

Durante os 10 minutos de execução dessa tarefa, você será tentado a pegar o celular, a se levantar para beber água ou ir ao banheiro, a comer alguma coisa ou qualquer outra forma de distração que o seu cérebro consiga encontrar para tirar a sua atenção daquela determinada tarefa. Mas o artifício que o seu cérebro mais vai utilizar para desviar a sua atenção é simplesmente divagar, ou seja, você começará a pensar em outras coisas. Você precisará ser forte para não se deixar enganar pela sua própria mente! Quando qualquer uma dessas distrações começar a falar mais alto, você precisará ter força para não ceder e mudar o foco. Se você começar a divagar, apenas tome consciência de que está sendo enganado pela sua mente, force para "voltar para a Terra" e retome o foco imediatamente. Isso é apenas uma questão de treino. Você consegue!

Provavelmente, na primeira tentativa de ficar 10 minutos em foco total, o seu cérebro vai conseguir enganá-lo uma ou mais vezes, mas o importante é não desistir. Tente outra vez, uma hora depois ou menos, e veja se consegue ser "enganado" menos vezes. Se você conseguir manter esses 10 minutos de foco total por algumas vezes no dia, no dia seguinte mude a sua meta para 15 minutos, e assim por diante. Essa é a melhor forma de treinar o seu cérebro a encontrar o caminho para um trabalho bem mais focado e produtivo.

Segundo Chris Bailey, autor do livro *Hiperfoco*, existem dois tipos de foco que podem ser extremamente importantes para que tenhamos resultados melhores nas nossas tarefas – o hiperfoco e o foco disperso. O hiperfoco ajuda a fazer com que o nosso cérebro consiga aumentar a produtividade nas atividades do dia a dia. Ele é muito útil, pois nos faz produzir mais em menos tempo. Entretanto, o autor cita um outro tipo de foco, chamado "foco disperso, que é o oposto do hiperfoco. Esse modo de foco também é muito interessante, pois nos ajuda durante os processos criativos e de decisão. O foco disperso consegue nos conectar com vários pensamentos e fontes simultaneamente. Dessa forma, é possível termos ideias que depois podem ser desenvolvidas e colocadas em prática com o auxílio do "modo" hiperfoco.

“Um dos segredos para conseguir manter-se focado no trabalho é executar uma tarefa por vez e não sobrecarregar o seu dia com muitas coisas.”

• CAPÍTULO 11 •

Crie estratégias de combate

Empreender é uma luta diária, e para qualquer combate, batalha ou guerra é preciso ter planos estruturados e estratégias bem definidas. Entrar em um combate de Taekwondo, assim como em uma luta de qualquer arte marcial, sem um plano com estratégias bem definidas, é pedir para ser derrotado.

É bem mais fácil vencer uma luta sendo mais inteligente do que mais forte que seu oponente. Quando falo em inteligência, eu me refiro a ter estratégias de combate melhores. O exemplo bíblico de Davi derrotando o gigante Golias é perfeito para ilustrar isso. Um outro exemplo de batalha vencida pela inteligência é o da Alemanha de Hitler, que conseguiu vencer a linha de defesa "intransponível" da França, na Segunda Guerra Mundial.

A França, depois da Primeira Guerra Mundial, temendo uma possível invasão alemã no futuro, criou uma linha de defesa, uma grande fortificação com cerca de 200 quilômetros de extensão, ao longo principalmente das fronteiras da França com a Alemanha e a Itália. A Linha Maginot, apesar de ser altamente fortificada e com armamentos que garantiriam a segurança da França contra um ataque alemão, não foi páreo para a inteligência do exército de Hitler. Em vez de atacar diretamente a Linha Maginot, o exército alemão simplesmente contornou a linha e invadiu a França, vencendo e ocupando o país em poucas semanas. Foi a vitória da inteligência e da estratégia contra a força.

Isso é totalmente válido para qualquer empreendedor. Criar estratégias inteligentes, bem pensadas e organizadas é um dos passos mais importantes para o sucesso de qualquer negócio.

Um lutador de Taekwondo de alta performance, um atleta com nível para competir em torneios nacionais, ou representar o país no sul-americano, pan-americano, mundial, ou em torneiros internacionais, e até nos Jogos Olímpicos, não chega a esse nível e muito menos se torna vitorioso sem muito preparo, planejamento e estratégias bem definidas. Mesmo assim, a força interior do lutador precisa ser grande o suficiente para que ele consiga superar todos os obstáculos que irá encontrar.

A força interior do empreendedor também é vital para o seu sucesso. Não adianta apenas se lançar em uma jornada empreendedora, você precisa querer com todas as suas forças que o seu negócio dê certo e gere a riqueza, a realização profissional e pessoal e a liberdade que você estabeleceu como seus objetivos. E esses objetivos precisam ser realmente um sonho para você. Pense grande, assim como todos os empreendedores que alcançaram o sucesso. Crie objetivos para a sua vida que sejam maiores do que você imaginava de início. Um antigo provérbio oriental diz que "Se você mirar na lua, poderá não alcançá-la, mas certamente chegará a uma montanha muito alta".

Empreender, lutar em um combate de Taekwondo ou em uma guerra, são ações que necessitam de planejamento. Sem isso, as chances de vitória são muito pequenas. Também é muito importante, como estratégia, manter os seus planos longe do conhecimento de outras pessoas. Como mencionei em outros capítulos, quanto menos as pessoas souberem sobre seus planos, melhor. Mantê-los sob sigilo é importante no que diz respeito à concorrência, mas, também, para evitar comentários e "conselhos" de pessoas que nada agregam ao seu projeto, além da "energia negativa" que, infelizmente, muitos podem ter em relação ao seu projeto de sucesso.

Sobre a concorrência, é importante estudá-la minuciosamente para que seja possível criar estratégias de combate eficientes. Você precisa, de uma maneira geral, entender como a sua concorrência coloca os produtos ou os serviços dela no mercado, quais são os canais de vendas utilizados, quais os preços praticados, os prazos de entrega, a publicidade e qual o nível de qualidade dos produtos e serviços com os quais você irá disputar no mercado. Você não terá sucesso se o seu produto for mais caro, com qualidade inferior, não tiver nenhum tipo de divulgação e a distribuição for feita por canais ineficientes. Isso seria um desastre completo. Então, o que você precisa fazer é entender todas as características citadas sobre a concorrência e criar um bom plano de ataque. Apenas como um bom exemplo, vou falar sobre estratégias de *e-commerce*.

No início da era de vendas pela Internet, os empreendedores das lojas virtuais, entre eles o jovem Jeff Bezos, com a sua Amazon, tinham que concorrer com lojas físicas e enfrentavam um grande empecilho: a resistência da maior parte das pessoas, no mundo inteiro, em comprar de lojas virtuais. Para quebrar a resistência dos consumidores e vencer a concorrência com as lojas físicas, os empreendedores do *e-commerce* que estavam capitalizados por grandes investidores, vendiam seus produtos por preços abaixo do custo, apenas para conquistar clientes. Eles consideravam esse prejuízo na venda de cada produto como verba de marketing. Cada pessoa que comprava um produto deles, acabava perdendo o medo de comprar daquela loja virtual e passava a ser um cliente. Isso foi utilizado por muitos anos.

Apesar dessa era da resistência do público em comprar de lojas virtuais ter acabado, algumas empresas da Internet, com destaque para a Amazon, ainda fazem isso, mas apenas com alguns produtos. A estratégia da Amazon é simples: a plataforma oferece alguns produtos específicos por preços imbatíveis, muitas vezes com frete grátis, para fidelizar clientes. Eles perdem em alguns produtos e ganham em muitos outros.

Como empreendedor, você também precisa criar suas estratégias para enfrentar a concorrência e se estabelecer em uma posição de destaque. Não trabalhe para ser "mais um", trabalhe para ser alguém diferenciado dentro do seu mercado, uma verdadeira referência.

É importante que você avalie a sua concorrência, tenha um olhar crítico sobre a sua empresa e seus produtos, incluindo os pontos fortes e fracos, e saiba criar uma estratégia para garantir um bom posicionamento no mercado, visando a liderança na sua área. Mas tenha bem claro em sua mente que, para isso, você precisará aceitar riscos, que devem ser devidamente avaliados. Para um empreendedor é vital saber aceitar riscos, mas estes precisam ser muito bem calculados.

Quando for elaborar o seu plano de negócio e as estratégias que serão adotadas, tenha em mente uma avaliação clara sobre as suas características pessoais e profissionais, seus pontos fortes, fracos, aptidões, o que você gosta e o que você não gosta de fazer. Você não precisa ser o melhor nem conhecer a fundo tudo que está relacionado ao seu planejamento, mas você precisa definir qual será o seu papel dentro da empresa, quais atividades você irá exercer e com que nível de competência. O que não estiver ao seu alcance deverá ser delegado. O que precisa ser um diferencial no seu negócio é você mesmo. Você não precisa ser melhor do que ninguém, o que fará a diferença serão as suas características únicas.

Cada empreendedor tem suas próprias características, mas há algo que deve ser comum a todos, que é a coragem para aceitar riscos. Pessoas extremamente cautelosas e com aversão a riscos, como já mencionei, não costumam ter o perfil de empreendedor arrojado, mas isso não impede que elas empreendam em algum tipo de negócio com menor risco; mas como é fato que, quanto maior o risco, maior o lucro, sem se arriscar muito, esse tipo de empreendedor também não deverá obter grandes resultados. Além disso, o empreendedor arrojado se preocupa sempre em como aumentar a sua receita. Esse é o foco principal do tempo e dos esforços do empreendedor, entretanto, existem pessoas que acabam focando mais em minimizar custos do que aumentar a receita.

Não há nada de errado em manter custos sob controle, pelo contrário, isso é necessário, mas não deve ser o foco principal do empreendedor. O "melhor dos mundos" é quando o empreendedor pode focar a maior parte do seu tempo em aumentar a receita, criando novos negócios e oportunidades, enquanto delega a parte de controle de custos.

Para o empreendedor, planejamento e estratégias eficientes são vitais para o sucesso. Ao empreender, é preciso criar um plano de negócios, com cada fase bem definida, tarefas e ações estratégicas. Um plano de negócios básico consiste em definir os seguintes itens:

- Área de atuação da empresa, e quais produtos ou serviços serão vendidos;
- Análise de mercado;
- Análise de riscos;
- Estratégias de entrada e crescimento;
- Plano de marketing;
- Pessoas responsáveis por gerir a empresa e quais serão suas tarefas;
- Capital necessário para montar a empresa e qual será a fonte desse capital;
- Fazer uma previsão realista de faturamento e estabelecer um prazo para alcançar o ponto de equilíbrio (*breakeven point*) entre receitas e despesas; e
- Definir o capital de giro necessário para manter a empresa até atingir o ponto de equilíbrio e o capital de giro médio necessário depois disso.

De acordo com a complexidade do negócio, o empreendedor poderá precisar de um plano de negócios mais complexo, e para o caso de empresas de maior porte, os planos de negócios costumam ser elaborados por empresas de consultoria especializadas. Esse tipo de *Business Plan* é algo imprescindível em empresas que necessitarão de grandes aportes de capital, especialmente os oriundos de investidores e fundos de investimentos.

Oportunidades bem aproveitadas definem combates

Em uma luta de Taekwondo, assim como em um combate de qualquer outra arte marcial, é preciso ficar atento o tempo todo ao modo como seu oponente luta e procurar encontrar brechas para ataques e contra-ataques. É possível, por exemplo, durante uma luta, perceber que todas as vezes que o oponente aplica um determinado tipo de chute, ele não é rápido o suficiente. Sabendo disso, seria uma estratégia induzi-lo a dar aquele chute específico e ficar preparado para desferir um contra-ataque certeiro que marcará ponto ou decidirá a luta com um nocaute. Para isso, é preciso estar atento ao menor sinal de que ele irá executar aquele chute, saber o momento certo de contra-atacar, e ter a velocidade e a força necessárias para ser bem-sucedido.

Tanto no Taekwondo quanto nos negócios, temos que estar atentos às oportunidades. Talvez você já tenha ouvido a "teoria do carro vermelho", que ilustra bem como identificamos ou deixamos passar as oportunidades. Se eu perguntar quantos carros vermelhos você viu na rua ontem, você saberia dizer? Certamente não, mas se eu lhe oferecer R$50,00 por uma foto de cada carro vermelho que você encontrar na rua no decorrer de um dia, certamente você saberá exatamente quantos carros vermelhos terá visto. Ou seja, os carros vermelhos sempre estão passando na sua frente, mas se você não estiver atento à existência deles, não perceberia nem se um quase o atropelasse!

Outra lição que podemos tirar das oportunidades em um combate ou da teoria do carro vermelho é que, além de perceber as oportunidades, você também precisa saber e aprender como criar essas oportunidades. Oportunidades não são necessariamente uma questão de sorte. Existem muitas situações nas quais você pode "fazer sua própria sorte".

Como mencionei, na luta, após perceber que o seu oponente não é eficiente em um determinado chute, você pode tentar induzi-lo a executar o movimento que o levará à derrota. No caso do carro vermelho, você precisa não só estar atento, mas também com a câmera pronta para fotografar todos os carros vermelhos que encontrar. Talvez seja até mesmo uma boa ideia ir a uma concessionária de automóveis ou a um grande estacionamento de um shopping center e "caçar" carros vermelhos para fotografar. Isso é fazer a própria sorte, pois você não vai ficar simplesmente "torcendo" para cruzar com carros vermelhos na rua.

Todo empreendedor precisa desenvolver a habilidade para criar as suas próprias oportunidades e não ficar esperando, de forma passiva, que elas surjam. Você não pode depender da sorte e sim fazer a sua própria sorte. Além disso, o instinto para detectar boas oportunidades precisa estar sempre funcionando e pronto para identificá-las quando surgirem.

Agora vou contar uma história que aconteceu comigo e que ilustra muito bem como podemos ter uma boa visão e percepção para oportunidades e como também é possível perder grandes oportunidades que estão diante de nós.

Há muitos anos, fui a um churrasco em uma fazenda próxima à cidade de Itu, no estado de São Paulo. O local pertencia ao tio de um amigo, que estava presente e me deu uma aula de visão empresarial e de aproveitamento de oportunidades.

Em um dado momento do dia, ele começou a contar em que situação havia comprado aquela linda propriedade; disse que estava procurando terras na região para comprar e se deparou com uma "pechincha". O antigo dono da fazenda estava altamente endividado e precisava vender a propriedade rapidamente. Vender uma fazenda não é uma tarefa das mais fáceis e rápidas. Ele já havia abaixado o preço do imóvel várias vezes e mesmo assim, não estava conseguindo vender. Foi então que decidiu, devido à pressão das suas dívidas e credores, colocar a fazenda à venda apenas pelo valor que precisava levantar para honrar seus compromissos, o que era muito menos do que o valor real da propriedade.

Quando soube da "oferta imperdível", o tio do meu amigo foi visitar a fazenda. Conversando com o antigo proprietário, entendeu os motivos pelos quais ele estava vendendo a fazenda por aquele preço "ridículo". Não lembro os valores exatos, mas o preço equivalia a um milhão, cerca de 20% do valor da propriedade, que na época devia ser uns 5 milhões. Era uma oferta irrecusável. Mas esse não foi o fato mais notório.

Enquanto o tio do meu amigo visitava a fazenda, percebeu que havia uma área bem grande com árvores que poderiam ser cortadas. Não era uma mata nativa, mas sim uma floresta plantada, muito provavelmente de eucaliptos. O tio do meu amigo entendia um pouco do mercado de madeira e logo avaliou que aquela floresta, se fosse derrubada, valeria um bom dinheiro. Naquele dia ele fechou o negócio e comprou a fazenda.

Logo que assumiu a propriedade, chamou uma empresa que negocia madeira e avaliou o montante que poderia lucrar naquela área: algo em torno de 2 milhões.

Ou seja, o antigo dono da fazenda tinha a solução para as suas dívidas dentro da sua propriedade, mas não conseguiu enxergar. Ele poderia ter vendido a madeira que era de sua propriedade, saldado todas as suas dívidas, ficado com 1 milhão em caixa e assim não teria "queimado" a sua propriedade.

Essa história deixa duas coisas bem claras: sem o conhecimento necessário, uma oportunidade pode estar dentro da nossa casa e ainda assim não conseguiremos enxergá-la, e quando não enxergamos uma situação difícil com clareza, também não conseguimos encontrar soluções, que podem ser até simples.

Oportunidades precisam ser percebidas com grande rapidez, sob pena de não serem aproveitadas.

Muitos empreendedores tiveram grande sucesso porque simplesmente souberam identificar e "agarrar" uma grande oportunidade. Um grande exemplo de que uma oportunidade bem aproveitada pode mudar a vida e os negócios de um empreendedor está bem relatado no filme *The Founder* (Fome de poder, no Brasil), no qual Michael Keaton interpreta Ray Croc, o responsável por tornar o McDonald's a maior franquia de *fast food* do mundo. Após fazer um acordo comercial com os irmãos McDonald, tornando-se o responsável pela expansão do restaurante no modelo de franquia, ele detectou uma oportunidade ainda maior e passou a comprar terrenos, condicionando a licença de franquia apenas para os franqueados que montassem as lanchonetes nas propriedades dele. Com isso Ray criou uma fortuna rapidamente e, mais tarde, ele conseguiu assumir o controle total das lanchonetes dos irmãos McDonald. Além disso, conseguiu identificar o perfil das pessoas que compravam franquias, acelerando ainda mais os contratos com novos franqueados.

O exemplo de Ray Croc é apenas um de muitos casos em que empreendedores ou mesmo grandes empresas souberam aproveitar oportunidades lucrativas.

Um exemplo que aconteceu com uma grande empresa foi quando um cientista da multinacional 3M, na década de 1960, estava tentando criar uma cola resistente, mas, acidentalmente, criou uma cola que "não secava nunca" e que era ótima para fixar papéis nas mais diversas superfícies. O inventor e outras pessoas da empresa vislumbraram uma grande utilização para o produto e criaram o post-it, o pequeno papel adesivo que foi um sucesso instantâneo e ainda continua sendo um produto de altíssima vendagem.

Perder uma oportunidade por não perceber a sua existência ou não estar preparado para abraçá-la é uma das piores coisas que pode ocorrer com um lutador em um combate ou com um empreendedor, no seu dia a dia de negócios.

O tempo é o bem mais valioso que temos

O lutador precisa otimizar o seu tempo de luta, acabando com ela o mais rápido possível, e com o menor número de golpes que conseguir. Dessa forma, gastará menos energia, sairá ileso e vencedor. Esse é o objetivo de qualquer arte marcial, vencer rapidamente, assim como nas guerras, cujo objetivo dos exércitos é vencer o mais rápido possível, com poucas baixas e pouca destruição de material bélico e instalações.

A maior vitória não é lutar com todas as suas forças até quase a morte. É vencer rápido, usando a inteligência e suas estratégias. Você deve vencer e permanecer forte, pronto para outra luta, se necessário. Em um campeonato de Taekwondo, no qual o atleta acaba lutando várias vezes no decorrer do dia, para que ele consiga chegar à final e vencer, precisa estar o mais "inteiro" possível. Isso ele só consegue se vencer as lutas anteriores rapidamente, além de administrar os resultados muito bem, não se lesionar e "guardar fôlego" para a luta final.

Ao começar uma "luta" no empreendedorismo, também é necessário fazer o negócio "deslanchar" o mais rápido possível: "tempo é dinheiro", uma realidade que não pode ser contestada. Quanto mais tempo você leva para alcançar o ponto de equilíbrio, mais alto precisará ser o investimento inicial.

O tempo impacta praticamente em todos os aspectos do empreendedorismo. Outro exemplo financeiro bem claro é o tempo para o retorno do investimento. Qualquer negócio só se torna viável financeiramente se a geração de lucros for maior do que os resultados financeiros que podem ser obtidos com aplicações, ou seja, se com um investimento financeiro você conseguir 12% ao ano de juros, não vale a pena empreender para ganhar menos do que isso ou apenas um pouco mais, pois ainda há o risco do negócio.

Agora, se você conseguir montar um negócio que gere 12% de lucro por mês, e não por ano, ele será um negócio bastante interessante em comparação à uma aplicação financeira. Exemplificando melhor: se você ganhar 1 milhão hoje é bastante dinheiro, certo? Mas se você recebesse esse dinheiro parcelado em um prazo de 300 meses? Você não poderia realizar nada de grande e o dinheiro acabaria sendo "queimado" nas suas contas do dia a dia. Resumidamente, dinheiro a curto prazo vale mais do que dinheiro a longo prazo.

Você precisa saber administrar bem o seu tempo e essa é uma das premissas mais importantes, se não a mais importante para qualquer empreendedor. O empreendedor luta constantemente em muitas frentes.

Nos exames para mudança de faixa de Taekwondo, para as graduações mais altas, a partir da faixa vermelha até nos exames de mestres, há combates em que o examinando luta contra dois ou três oponentes simultaneamente. Esse tipo de luta é bem peculiar, pois exige técnicas específicas de posicionamento, cuidados com as defesas, precauções nos ataques e a administração do tempo de luta. Esse combate é mais um teste de resistência, avaliando a capacidade do lutador em aguentar firme, durante vários minutos, recebendo ataques vindos de várias direções, a destreza para se esquivar e se defender e, quando possível, atacar seus oponentes com assertividade e administrar bem o tempo, para que não se canse rapidamente e comece a apanhar muito. É claro que torna-se muito mais difícil administrar vários oponentes simultaneamente do que administrar o tempo de uma luta um contra um.

Lutar contra dois ou três em um exame de faixa de Taekwondo é algo muito difícil, mas existem técnicas que o "lutador solitário" pode utilizar. Da mesma forma, um empresário que precisa "encarar" várias frentes simultaneamente em um dia de trabalho também pode utilizar técnicas que o ajudarão a vencer e realizar suas tarefas de modo satisfatório.

O empreendedor acaba sendo um empresário "multitarefas", e isso ocupa quase todo o seu tempo, invariavelmente, deixando-o sobrecarregado. Delegar tarefas é uma necessidade, mas, mesmo assim, a vida do empreendedor muitas vezes acaba sendo de trabalho nos sete dias da semana, 15 horas por dia e, ainda assim, muitos empreendedores se queixam que não estão conseguindo dar conta de todas as suas tarefas diárias.

O que eu posso dizer é que se você não está conseguindo realizar todas as suas tarefas, isso não está acontecendo apenas porque você tem muitas coisas para fazer, mas, principalmente, porque você está desorganizado! Se você estudar como trabalhavam os empresários famosos no início de suas empresas, fazendo tudo, como, por exemplo, Jeff Bezos, quando criou a Amazon, você verá que eles faziam muito mais do que você e o dia deles também era de 24 horas. Então, como eles conseguiam e ainda conseguem? Com uma palavra: organização. Eles sabem administrar o tempo muito bem e esse é um dos segredos do sucesso de todos os empreendedores que alcançaram seus sonhos.

Para vencer é preciso saber, portanto, procure sempre aprender o máximo que puder sobre a sua atividade, sobre sua empresa e o mercado em que atua. Aprender com os erros e acertos de outros empresários é sempre uma ótima alternativa. Aprenda o máximo que puder sobre a sua área de atuação e as empresas do segmento. Aprender nunca é demais.

Nas artes marciais existe uma linha clara de transmissão de ensinamentos: mestres – professores – alunos. Mestres ensinam professores e alunos, que se tornam professores e mestres e que passam a ensinar para novos professores e alunos.

Existem os bons e os maus mestres e professores. Eu digo que existem bons e maus, não porque uns lutam melhor do que outros, mas sim pela forma como ensinam e pelo que ensinam.

Muitos mestres e professores de artes marciais não gostam de ensinar tudo que sabem, por insegurança, pois acham que podem ser superados pelos seus alunos. Já os bons mestres, esses ensinam tudo que aprenderam, da melhor maneira possível, desejando que seus alunos se tornem melhores do que eles e que, eventualmente, possam até mesmo aprender com seus alunos.

Simplesmente aprenda e coloque em prática os melhores ensinamentos que receber, em qualquer área da sua vida. Nos negócios, aprender é vital. Nos dias de hoje, novas tecnologias surgem diariamente e muitas simplesmente "enterram" as tecnologias anteriores que, muitas vezes, já foram revolucionárias. Quem não se atualiza rapidamente pode ficar condenado a uma obsolescência prematura, com prejuízos e grandes dificuldades.

"

Não trabalhe para ser 'mais um', trabalhe para ser alguém diferenciado dentro do seu mercado, uma verdadeira referência.

"

• CAPÍTULO 12 •

Saiba escolher quem vai lutar ao seu lado

Em todas as batalhas e mesmo nas artes marciais, existem situações em que lutamos lado a lado com outras pessoas. No Taekwondo, existe uma modalidade de lutas em duplas. Os campeonatos de duplas têm regras bem específicas, mas, resumidamente, sempre ficam dois lutadores combatendo, cada um de uma equipe. Existem tempos específicos para cada um permanecer lutando, e os dois lutadores vão se revezando em uma luta muito dinâmica, que não para nem por um segundo, sob pena de falta e perda de pontos.

Os dois lutadores de uma mesma equipe sempre têm estratégias bem definidas e um depende do outro para que a dupla possa vencer a "batalha". Em uma guerra, um soldado depende de seus companheiros para poder avançar com mais segurança, protegido pelos olhos e armas de seus colegas.

Quem nunca assistiu a um filme de guerra, ou mesmo policial, em que um soldado diz "me dê cobertura"! Isso mostra a dependência que um combatente pode ter de outro, ou do seu exército ou da sua equipe.

No mundo dos negócios, empreendedores precisam ter a "cobertura" necessária de seus funcionários, parceiros, sócios e colaboradores. Saber escolher as pessoas que vão lutar com você pelo sucesso da sua empresa é um dos fatores críticos para o êxito de qualquer empreendimento.

Empreendedores não precisam entender em detalhes de todos os aspectos dos seus negócios. O exemplo mais claro que costumo dar é que os maiores empresários não costumam entender bem de contabilidade, deixando essa parte quase que totalmente a cargo de empresas especializadas ou de funcionários que sejam contadores. Em grandes indústrias, os empresários têm noções gerais sobre o processo de fabricação, mas, na quase totalidade dos casos, não conseguiriam ir até a linha de produção e assumir qualquer uma das funções. Outro bom exemplo é o de empreendedores da construção civil. Também, na maioria dos casos, eles não saberiam levantar uma parede sequer.

O empreendedor precisa, basicamente, administrar e conhecer bem duas áreas da sua empresa: a área central, o "*core*" do negócio, que pode ser a fabricação de algum produto, a prestação de algum serviço ou a criação de conteúdo, e "entender de pessoas", ou seja, escolher bem aquelas que serão contratadas e saber administrar essas pessoas dentro da empresa.

Muitos dos maiores empreendedores modernos, como Jeff Bezos, da Amazon, Steve Jobs, da Apple, ou Elon Musk, fundador da Tesla e da SpaceX, falam sobre a importância da gestão de recursos humanos e contam, com orgulho, como escolhem e administram os talentos dentro de suas respectivas empresas.

Em uma entrevista, falando sobre a importância de contar com grandes talentos na sua equipe, Steve Jobs disse que as pessoas que são realmente boas querem trabalhar com as melhores pessoas que puderem encontrar.

Elon Musk, por sua vez, também em uma entrevista, disse que se você estiver criando uma empresa ou entrando em uma empresa, a coisa mais importante é atrair boas pessoas. Toda empresa, segundo Musk, é um grupo de pessoas que se reuniram para criar um produto ou serviço. E dependendo do quão talentosas e esforçadas forem essas pessoas e quão focadas estiverem, de forma coesa, indo na mesma direção, isso determinará o sucesso do negócio. Como conselho para empreendedores, Musk disse: "Faça de tudo para reunir ótimas pessoas e você criará uma ótima empresa".

Foco é fazer bem-feito uma coisa de cada vez. É impressionante quando ouvimos casos de pessoas que conseguem realizar muitas atividades simultaneamente, como um empresário que também é pintor, filantropo, pratica algum esporte de forma semiprofissional e ainda se dedica de maneira muito eficiente a cinco empresas. Isso pode parecer coisa de um "super-empresário", mas não é! Simplesmente esse empresário consegue focar em cada uma dessas atividades em momentos diferentes, além de ter uma boa estrutura de administração de negócios, em que funcionários competentes e de confiança fazem a maior parte do trabalho, cabendo a ele apenas tomar as decisões mais estratégicas, que acabam sendo poucas. O dia tem 24 horas para todas as pessoas no mundo. As pessoas que conseguem mais resultados nos seus negócios aprenderam a ser mais eficientes e a delegar funções para as pessoas certas, também com muita eficiência. Ninguém consegue prosperar nos negócios se não souber delegar funções.

Jack Ma, fundador do site de comércio eletrônico Alibaba, disse em uma entrevista que não sabe nada sobre tecnologia, não sabia nada sobre gestão e que a única coisa que realmente importa é encontrar pessoas inteligentes que entendam das funções necessárias para a empresa. Segundo ele, a principal função do empreendedor é conseguir encontrar as pessoas certas, ou seja, administrar bem os recursos humanos.

Jeff Bezos, fundador da Amazon, é um exemplo de empreendedor que administra centenas de empresas. Isso seria totalmente inviável, se ele não tivesse aprendido como delegar funções de maneira eficiente.

Para que as funções possam ser delegadas, os funcionários precisam ser escolhidos de maneira muito criteriosa. Cada empresário tem suas premissas para contratar funcionários e esse é um dos "segredos" do sucesso de cada um deles. Jeff Bezos dá grande ênfase ao processo de recrutamento e seleção de funcionários, e relata que leva em consideração se admira a pessoa, se o candidato tem a capacidade de elevar os padrões da empresa e se poderá ser um exemplo para seus subordinados.

Elon Musk, fundador da Tesla e da SpaceX é tão "obcecado" por contratações estratégicas, que frequentemente ele mesmo entrevista candidatos. A primeira "peneira" nas contratações feitas nas empresas de Musk é a formação acadêmica. Em princípio, ele só contrata pessoas que se formaram recentemente nas universidades da Ivy League, que reúne as 8 melhores universidades dos Estados Unidos (Brown, Columbia, Harvard, Cornell, Dartmouth, Pensilvânia, Yale e Princeton) ou de outras poucas universidades que também estão entre as melhores, como Stanford e UCLA, ambas no estado da Califórnia. Mas independentemente das notas que tiveram e da universidade que cursaram, o "método Musk de contratação" leva em conta identificar pessoas que tenham "paixão" pelo que fazem. Musk gosta de contratar pessoas que se entregam completamente, dispostas a "dar o sangue" pela empresa. Além disso, o candidato passa por um processo de seleção com muitos testes e entrevistas e, eventualmente, tem sua entrevista final com o próprio Elon Musk.

Seja como for o processo de seleção para a contratação de pessoas que possam agregar competência e muita vontade de trabalhar, a empresa passa a ter uma responsabilidade importante sobre cada funcionário. Para que todos os contratados possam exercer bem suas funções e consigam superar sempre as suas metas, é importante que sejam bem treinados para a função que desempenham. Além disso, é de interesse da empresa que o funcionário esteja sempre evoluindo nos seus conhecimentos e, com isso, empreendedores de visão acabam investindo no desenvolvimento de seus colaboradores, investindo em cursos especializados e palestras motivacionais, ou até mesmo, dependendo do caso, oferecendo treinamento interno direcionado a assuntos que agreguem conteúdo e eficiência para os funcionários. Esse é um tipo de investimento que, dependendo do perfil da empresa e do empreendedor, torna-se viável e muito interessante.

Seja um líder exemplar

Partindo da premissa que o empreendedor de sucesso sabe delegar funções, ele também precisa saber liderar os colaboradores que vão, na prática, gerir os seus negócios. Liderar é muito mais do que simplesmente "mandar" ou dizer o que seus subordinados devem fazer. Um grande líder é, principalmente, aquele que sabe inspirar a sua equipe a produzir mais, com criatividade, alegria e eficiência. E, para isso, os funcionários precisam estar devidamente motivados. A motivação e a inspiração caminham juntas, e um bom líder sabe fazer com que todos ao seu redor tenham boas razões para trabalhar com ânimo e empenho. Com isso, o bom líder acaba criando uma "cultura empresarial" própria, ou seja, um ambiente de trabalho agradável, desafiador e estimulante, com hábitos saudáveis recorrentes adotados por todos os seus colaboradores, formando a marca característica da empresa, fazendo com que os funcionários se orgulhem do lugar onde trabalham e tornando a empresa um local desejado por outras pessoas do mercado de trabalho.

Existem muitos tipos diferentes de liderança e isso é algo muito particular para cada empreendedor. O importante para um bom líder é conseguir que seus funcionários produzam mais, com mais qualidade e que trabalhem o mais motivados possível. Bons líderes conseguem criar um ambiente que possibilita esse tipo de resultado.

Um bom líder precisa saber quando tomar decisões, tomá-las em segundos, quando necessário, ou ter discernimento para avaliar quando uma decisão precisa ser amadurecida e não pode ser implantada imediatamente. Algumas decisões exigem muita reflexão e cabe ao líder saber identificar essa necessidade, para que seja tomada a melhor decisão possível.

Muitas vezes, pessoas colocadas em posições de liderança se assustam com o número de subordinados. Se você estiver começando a sua jornada empreendedora e o seu plano de negócios inclui um número grande de funcionários, não se assuste em ter que comandar essas pessoas. Liderar poucas ou muitas pessoas pode ter a mesma complexidade, desde que haja planejamento e organização para isso.

O líder é como um general em uma batalha, ele precisa liderar com decisão, ou seja, nunca poderá demonstrar fraqueza ou hesitação na frente de seus subordinados. Quando um líder demonstra insegurança, isso acaba desmotivando os subordinados, que perdem o respeito por ele e, consequentemente, haverá caos e desorganização. Se você se deparar com uma situação parecida e estiver hesitante, apenas pergunte a opinião de quem julgar que poderá contribuir para que você esclareça suas dúvidas, planeje as suas ações e coloque em prática seus planos. Não demonstre fraqueza nem indecisão, pois isso pode corromper o elo entre líder e subordinados. Lembre-se: "O guerreiro nunca demonstra suas fraquezas".

Como comandante da sua empresa, você precisa ser decido, direto e firme com seus comandados. O planejamento é seu – as circunstâncias de como e quando as lutas vão acontecer dependem somente de você.

Contudo, lembre-se de que a responsabilidade por erros e por acertos também será sempre sua. Como empreendedor, você é o "general do seu exército" e as principais decisões, bem como suas consequências, serão sempre suas. Você pode e deve delegar claramente funções, mas nunca deixe um subordinado "tomar as rédeas" de uma situação por indecisão ou fraqueza sua.

Saber tomar decisões rápidas, com objetividade, é uma marca inconfundível dos grandes líderes empresariais. Guardadas as devidas proporções, é análogo ao que acontece em uma situação de batalha ou combate militar, quando, por exemplo, um general precisa decidir, em questão de minutos, se continua avançando, apesar das baixas crescentes, ou se recua, perdendo terreno na batalha, mas preservando a vida de muitos soldados.

O mais importante em relação à liderança é que um bom líder inspira, aumentando o engajamento dos funcionários que passam a colocar mais "alma" no trabalho, sempre tentando fazer o melhor. Já os líderes medíocres, ou incompetentes, acreditam que apenas com muita pressão psicológica os funcionários produzirão o que eles querem. Isso é um terrível engano, pois não se trata do "que eles querem", mas sim do que a empresa precisa. Eles podem até mesmo conseguir alguns resultados satisfatórios, mas certamente conseguiriam algo muito melhor se liderassem com critérios positivos, sem a necessidade de impor qualquer forma de autoritarismo.

Um líder que inspira vai muito além de apenas delegar. O perfil de um grande líder é o de uma pessoa que sabe escutar e valorizar as opiniões alheias, sabe quando dar "carta branca" para um funcionário e sabe mostrar a toda a equipe, constantemente, o caminho a seguir, um caminho coeso com os resultados que a empresa almeja. Ele mostra a todos os envolvidos nas atividades da empresa que trata-se de um trabalho em equipe e que todos estão "no mesmo barco". Ao mesmo tempo, ele precisa saber avaliar os funcionários que não são consistentes com o trabalho em equipe, tentar redirecioná-los e, se isso falhar, saber a hora de demitir.

Ainda segundo Jeff Bezos, uma de suas funções como líder é encorajar as pessoas a serem ousadas e tentarem realizar coisas novas, para sair do lugar comum, criando algo realmente diferente. Em uma entrevista, ele disse que prefere que seus funcionários tentem e errem muitas vezes, pois só assim poderão ter a chance de acertar em algo novo e grande. Quem fica repetindo as mesmas tarefas sempre vai obter os mesmos resultados.

Se você está em uma "guerra" e essa é a luta da sua empresa para sobreviver, ser lucrativa, gerar riqueza e empregos para um grande número de pessoas, é preciso lutar com um exército forte e bem treinado. Escolha muito bem seus funcionários, saiba liderá-los para conseguir os melhores resultados e, principalmente, saiba inspirá-los a sempre se superar.

Uma pessoa inteligente procura contratar pessoas mais inteligentes ainda. Isso é um tremendo contraste com chefes que querem estar sempre certos, não admitem os próprios erros e ainda repreendem quem tenta ter uma abordagem criativa sobre a empresa e o trabalho. O bom líder é seguro de si, sabe que tem o dever de trazer os melhores resultados para a empresa e, com isso, precisa de funcionários com o mais alto nível de capacidade para produzir esses resultados. O trabalho do líder é comandar e direcionar as ações de uma equipe que tenha alta qualidade. O problema que ocorre em muitas empresas é que existem chefes que são tão inseguros de suas capacidades que não suportam a ideia de que seus subordinados possam brilhar mais do que eles. Esse tipo de pessoa não consegue entender que se a equipe dele brilha, ele brilhará junto, porque depende dela para gerar bons resultados.

O mundo já viu grandes empreendedores que souberam liderar e inspirar. Nenhum ser humano é totalmente bom ou ruim, assim como empresários de sucesso podem ser grandes líderes e, eventualmente, cometer atos que não são coerentes com uma liderança inspiradora. Alguns empreendedores ficaram famosos por serem líderes inspiradores. Nomes como Walt Disney, Bill Gates e mais recentemente, Jeff Bezos, são frequentemente citados como líderes que inspiram seus funcionários.

No Brasil, um nome sempre mencionado como um líder inspirador é Silvio Santos, dono do SBT. São muitos os relatos de seus funcionários e colaboradores sobre as atitudes dignas de um grande líder empresarial, um líder inspirador e que teve uma das trajetórias empresariais mais impressionantes na história do empreendedorismo brasileiro.

Elon Musk tem um estilo próprio para administrar seus negócios e seus funcionários. Podemos dizer que ele é um líder com características únicas e peculiares. Como muitos grandes empreendedores, ele é capaz de tomar decisões importantes rapidamente, muitas vezes, em frações de segundo e em outras, após muita reflexão. Musk está sempre aberto a novas oportunidades, dentro e fora de seus negócios principais.

Sua atenção aos detalhes chega a ser assustadora. Ele quer participar de tudo e cobra dos seus funcionários "apenas" a perfeição. Nada pode ser esquecido. Forma e conteúdo precisam estar harmonicamente ligados.

Musk tem um "dom" de conseguir tirar o máximo de seus funcionários, seja por bem, ou por mal! Mas sua principal estratégia – e bem-sucedida – é fazer com que cada funcionário se comprometa ao máximo com prazos e com a qualidade do seu trabalho.

Não há nada de errado em um chefe ordenar que um funcionário faça um trabalho específico em um determinado prazo e ainda exigir dele que seja feito com qualidade, mas o que Musk faz costuma ser diferente. Ele mostra aos funcionários a importância de que um determinado trabalho seja feito com qualidade e em um determinado prazo.

Com isso ele "arranca" de seu funcionário o comprometimento em fazer o que precisa ser feito, com qualidade, e no prazo que precisa ser feito. Com esse comprometimento, o funcionário passa a executar o seu trabalho, não porque Musk exigiu, mas por si mesmo, porque sabe da importância do que está fazendo. E isso faz toda a diferença! Musk é ótimo em conseguir esse tipo de comprometimento.

Independentemente de como Elon Musk consegue obter um alto grau de comprometimento de seus funcionários (seus métodos podem ser discutíveis), ele consegue o que todos os empresários e chefes em qualquer empresa deveriam conseguir. Esse alto grau de comprometimento é a maior garantia da qualidade do trabalho e é o que torna possível a obtenção de resultados expressivos dentro de uma empresa.

Esses grandes homens demonstram, na prática, o que é ser um líder inspirador, que realmente consegue obter o máximo de seus funcionários, não pela força, mas pela inspiração, por gerar o comprometimento e o desejo de fazer o melhor.

Muitas batalhas e guerras, em toda a história da humanidade, foram vencidas por exércitos menores, porque seus generais, reis ou líderes conseguiam que cada um dos soldados estivesse disposto a matar e morrer por uma causa ou por um líder que consideravam inspirador. Isso aconteceu em muitos momentos épicos, como na Grécia antiga ou durante as Cruzadas, quando os cavaleiros acreditavam que estavam lutando pelos mais altos ideais cristãos e pelo seu rei.

“

Saber escolher as pessoas
que vão lutar com você
pelo sucesso da sua empresa
é um dos fatores críticos
para o êxito de qualquer
empreendimento.

”

• CAPÍTULO 13 •

Vencedores não dão desculpas nem culpam ninguém pelos seus erros

Os praticantes de todas as artes marciais se submetem a treinamentos extenuantes, tanto físicos quanto psicológicos. Para vencer um combate, o praticante precisa estar muito bem-preparado, principalmente quando não sabe quem será seu oponente. O preparo é vital para a vitória.

Existe uma frase de Tiger Woods – o mais famoso jogador de golfe do mundo – que é constantemente repetida por muitos campeões de várias modalidades esportivas e que ilustra bem a importância de se estar preparado: "Quanto mais eu treino, mais sorte eu tenho". Isso mostra a importância de treinar e de praticar, para se atingir a perfeição em um esporte ou um determinado patamar na vida, porque a prática fará da tarefa repetida, algo fácil de executar. Ou seja, quanto mais você praticar e repetir uma tarefa, melhor você se tornará na sua execução.

Essa frase resume muito bem a importância de se estar bem treinado e preparado para o combate. Isso vale para todos os esportes, e principalmente nas artes marciais. Sem estar preparado, um lutador pode ter muitas surpresas em um combate. Eu costumo dizer que, mesmo estando 100% preparado, sempre existe a possibilidade de algo dar errado. Então imagine o que pode acontecer se você não estiver 100% preparado!

O "estar preparado" para alguma coisa, seja o que for, sempre vai depender somente de você. Você não depende de outras pessoas para estar preparado para uma luta em um campeonato de Taekwondo. Você precisa treinar duro, e para isso, tem que acordar cedo e treinar muitas horas por dia. Quanto mais você treinar, mais estará preparado para oponentes difíceis. Se você tem pela frente uma prova difícil, ninguém vai estudar por você, e por mais que queira colocar a "culpa" em alguém por não ter se saído bem, no fundo você sabe que não é verdade e que estará apenas se enganando. Nos negócios você também estará sozinho, para se preparar e para exercer suas funções de empreendedor. Nesse caso, o "estar preparado" envolve estudar, ler, fazer um bom *networking*, pesquisar na internet, assistir vídeos e tentar absorver o máximo de informações sobre o seu tipo de negócio. Além disso, estando na posição de líder, você precisará tomar muitas decisões. O resultado será de sua inteira responsabilidade. Saiba comemorar os acertos e aprender com seus erros, mas nunca tente "repassar" suas responsabilidades.

Há muitos anos, durante uma demonstração na minha academia de Taekwondo, um praticante faixa preta – um dos melhores que treinava conosco –, foi realizar uma demonstração bastante difícil. Ele teria que dar um chute giratório, pulando a uma altura de aproximadamente 2 metros, e quebrar uma tábua. Isso, por si só, já é um desafio para poucos, mas, para complicar, ele estava vendado, ou seja, teria que acertar o alvo com um chute, pulando e girando 360 graus!

Antes de chutar, já vendado, o faixa preta colocou a mão na madeira que deveria quebrar. Com isso ele teria condições de medir, aproximadamente, onde estaria o alvo e, então, dar um pulo e tentar quebrá-lo. Ele chutou uma vez, mas seu pé pegou de raspão. Esse tipo de quebramento precisa ser feito com o calcanhar, mas ele acertou a madeira com a sola do pé, pois estava vendado. Tentou mais duas vezes e o resultado foi o mesmo. Então ele tirou a venda com certa agressividade e era visível que ele havia ficado irritado consigo mesmo.

Depois desse episódio, ele treinou incansavelmente esse chute vendado, até conseguir ficar muito bom nesse quebramento. Em nenhum momento sequer ele se justificou ou fez menção de culpar, por exemplo, a pessoa que estava segurando a madeira no dia em que ele não conseguiu atingir o alvo adequadamente. Essa é a reação de um verdadeiro campeão que compreende a sua responsabilidade e faz de tudo para alcançar o seu objetivo.

A postura que esse faixa preta teve é a mesma que você deve ter para a sua vida pessoal e profissional. Durante a sua jornada empreendedora, ao exercer as suas funções de líder e estrategista, você precisa ter "garra" diante de qualquer adversidade e não ficar procurando culpados.

Fazendo todo o treinamento possível, com empenho e dedicação, as chances de sucesso serão muito altas, contudo, nada é garantido neste mundo e existe sempre a possibilidade de algo dar errado. E muitas vezes as coisas dão errado mesmo! Por isso, no mundo do empreendedorismo não há garantia de sucesso para ninguém. É comum ouvirmos que o empreendedor está "apostando" em um determinado negócio, o que não deixa de ser uma verdade. Mas a aposta precisa ser feita com muitos critérios, para que o empreendedor tenha a maior chance possível de sucesso.

Em um combate, se um lutador perde, e não tem essa consciência da responsabilidade por seus próprios atos, é quase certo que ele vai procurar se justificar culpando outras pessoas ou situações pela sua derrota. Esta não é uma postura correta sob o ponto de vista da filosofia das artes marciais.

Eu comecei a treinar Taekwondo ainda pequeno, com o mestre coreano Sang Min Cho. Ele foi o introdutor do Taekwondo no Brasil e é a maior referência histórica da nossa modalidade no país. Ele ensinava na academia que, em uma luta, se fôssemos atingidos com um chute ou um soco, um golpe que valesse ponto ou mesmo que nos machucasse, não deveríamos ficar chateados ou sentir raiva do oponente, mas deveríamos, imediatamente, nos curvar em demonstração de respeito, agradecendo. Isso é tão emblemático, pois mostra claramente que devemos agradecer por sermos expostos aos nossos próprios erros, para que possamos aprender com eles.

Se eu levar um chute na cabeça durante um combate, por exemplo, isso mostra apenas que eu não fui rápido o suficiente para me esquivar ou para me defender. O fato de ter sido acertado é um erro meu e não "culpa" do meu oponente. Nesse caso, eu deveria me curvar e agradecer ao meu oponente por ter mostrado a minha falha.

Nos negócios, assumir totalmente os resultados obtidos pela empresa, não só é uma atitude correta, que mostra a integridade do empreendedor (lembre-se do "Espírito do Taekwondo", cujo item 2 é exatamente a integridade), mas também uma atitude que o auxilia a evoluir e melhorar o seu *mindset*.

É muito fácil receber os louros pelo sucesso, difícil é assumir os erros totalmente. O empreendedor é o "capitão do seu navio": se ele chegar rápido ao destino, é mérito do capitão, e se ele afundar no meio do caminho, será sua total responsabilidade.

É comum empreendedores que enfrentaram problemas, e não conseguiram levar a empresa adiante, culparem as oscilações de mercado ou a incompetência de seus funcionários. Na verdade, unicamente o próprio empreendedor é responsável por não ter sabido avaliar corretamente as oscilações de mercado e não ter feito as devidas correções de rumo na empresa; e ele também é responsável por escolher e contratar funcionários, liderar, corrigir erros e demitir, quando não há mais nada a fazer para que um subordinado se torne produtivo e útil para a empresa. Sempre, em todas as situações, o empreendedor é responsável pelos resultados que obtém.

Como empreendedor, você realmente não deve ficar "procurando culpados" por não estar conseguindo superar problemas. Culpar situações fora do seu controle, como a pandemia, as oscilações do dólar ou a falta de incentivo do governo, não vai resolver os seus problemas. O segredo está em saber se adaptar e contornar as adversidades.

Podemos aproveitar um exemplo dado no filme *Rocky Balboa,* para ilustrar como você deve se adaptar às situações difíceis. Rocky, interpretado por Sylvester Stalone, que já estava mais velho, aposentado das lutas de boxe, foi desafiado pelo então campeão mundial de boxe peso-pesado. Rocky queria muito lutar, mas não tinha mais a mesma velocidade e resistência para aguentar uma luta, ainda mais com um jovem campeão. Em vez de desistir ou de ir lutar já se justificando, dando a desculpa de que não conseguiria lutar bem, ele decidiu se preparar para a luta, mas para isso teria que treinar de forma a se adaptar à realidade de que era bem mais velho do que seu oponente, mais lento e com menos "fôlego". E foi aí que entrou a grande estratégia.

Aconselhado por seu treinador, Rocky fez um treino técnico para melhorar um pouco sua resistência física e sua agilidade, mas deu ênfase completa ao treino de força. Ele sabia que conseguiria acertar seu oponente poucas vezes durante o combate, mas quando acertasse, os socos teriam que ser tão potentes que fariam com que seu oponente sentisse muito e, assim, minaria aos poucos a força, a resistência e a agilidade do seu adversário. Ou seja, Rocky tentaria acabar com seu oponente usando socos muito potentes. Essa estratégia está longe de ser apenas "algo de cinema", pois ela é realmente utilizada em lutas quando um dos dois lutadores é bem mais velho ou simplesmente mais lento e com menos resistência do que seu oponente.

A adaptação à realidade e às situações é a melhor saída para vencer combates nas artes marciais e, também, nas "lutas" do empreendedorismo. Outro exemplo das artes marciais que posso dar é o do estilo de Kung Fu chamado Wing Chun, praticado pelo ícone dos filmes de artes marciais, Bruce Lee.

Esse estilo de Kung Fu (ou Wu Shu, o nome correto em chinês), foi desenvolvido por um mestre idoso para que sua filha pudesse lutar contra um habilidoso lutador que a desafiou. O Wing Chun tem como premissa poder ser utilizado por qualquer pessoa, homens, mulheres, jovens, idosos, pessoas mais fortes ou mais fracas. É uma arte marcial que se adaptou às necessidades, basicamente, de praticantes mais velhos e mulheres. O Wing Chun foi criado para adaptar a luta às necessidades dos praticantes e, analogamente, da mesma forma, você deve se adaptar às situações em que vive e à realidade do seu negócio.

Saber se adaptar bem à cada situação difícil ou apenas diferente é um pressuposto para o sucesso. Mas você precisa ser bem criterioso nos exemplos de adaptação que utilizará. Entenda que a sua realidade não é a mesma de outros empreendedores e que você não poderá utilizar todas as soluções de sucesso empregadas por outros empreendedores. Vou dar um exemplo que aconteceu com um empreendedor no início dos anos 1990. Esse empreendedor estava enfrentando um sério problema de logística para receber pedidos de compra de seus clientes. Para conseguir vender, ele precisava fazer visitas mensais a todos os seus clientes, o que demandava tempo, gastos com combustível e até mesmo com passagens de avião e ônibus para seus vendedores. Nessa época, o uso do fax, que é uma tecnologia obsoleta nos dias de hoje, mas naquele momento era "coisa do futuro", ainda estava iniciando no Brasil, e o preço dessa tecnologia era relativamente alto. Entretanto, um amigo desse empreendedor em questão, que fazia uso do aparelho em sua empresa, veio com a "solução perfeita".

Os pedidos poderiam ser recebidos via fax, após uma ligação telefônica para cada um dos clientes. Assim as visitas presenciais acabariam, o custo seria reduzido e a agilidade para captar pedidos seria bem maior. A solução parecia perfeita, mas simplesmente não era viável para o empreendedor, porque praticamente nenhum dos seus clientes tinha um aparelho de fax e não era algo usual passar pedidos sem receber a visita de um vendedor. Ou seja, a solução sugerida pelo amigo simplesmente não se adequava à realidade do empreendedor. Portanto, sempre analise com um olhar crítico as sugestões recebidas, seja de amigos ou mesmo de consultores, e aja de acordo com a sua realidade.

É comum também que empreendedores se percam no meio de sua jornada por não conseguirem enfrentar muitos desafios simultaneamente, e usar isso como desculpa para si mesmos e para os outros de que não era possível seguir em frente ou simplesmente não era possível conseguir resultados melhores. Quando você estiver administrando o seu negócio, com toda a certeza terá que lutar simultaneamente contra vários problemas, mas isso não pode ser desculpa para não ter bons resultados; você simplesmente precisa aprender a enfrentar esses problemas, tanto de maneira prática, operacional, quanto do ponto de vista psicológico, não deixando que eles o "derrubem".

Vou dar um exemplo do Taekwondo para que você possa administrar corretamente vários problemas simultaneamente. Como mencionei anteriormente, é comum treinarmos e realizarmos combates contra mais de um oponente, em geral dois e eventualmente três. Esse tipo de luta é realizado especialmente nos exames de mudança de faixa, para os mais graduados, ou seja, faixas vermelha e preta (uma antes da faixa preta), faixas preta e acima da preta (1º, 2º, 3º dans, até o 9º dan).

Pode parecer muito difícil lutar contra vários oponentes, e realmente é, mas existe uma estratégia básica para deixar esse tipo de combate mais fácil para o lutador solitário. Essa estratégia é saber se posicionar corretamente na área de combate, para que seja possível lutar contra um de cada vez. Mas como isso é possível? Você precisa se movimentar, circulando um dos adversários e colocando-o em linha, na frente do outro oponente, ou seja, você precisa ficar na frente de um e deixar o outro logo atrás, em fila.

O lutador solitário precisa se movimentar muito rapidamente e continuar se movimentando, sempre de modo a manter um lutador na sua frente e lutar somente com ele. O outro oponente que fica atrás tentará dar a volta, mas o lutador solitário precisará continuar se movimentando para ficar sempre na frente de um só oponente. Resumidamente: se você está lutando contra dois ou três, lute com um de cada vez, pois essa é a única forma de enfrentar esse tipo de luta com chances de vitória ou, simplesmente, para "apanhar" menos.

Essa estratégia é perfeitamente válida para o seu dia a dia como empreendedor: se você estiver enfrentando vários desafios simultaneamente, passe a enfrentar um de cada vez e terá reais chances de resolver a todos. É melhor focar 100% das suas energias em um problema de cada vez, do que 20% em vários e não resolver nenhum! Se você não conseguir resolver nenhum, automaticamente isso terá um efeito psicológico negativo muito forte, fazendo com que a solução de qualquer problema fique preocupantemente mais difícil. Entretanto, se você focar totalmente na solução de um problema de cada vez, a cada um que for resolvido, o efeito psicológico será altamente positivo e, com isso, um círculo virtuoso será criado e cada um dos próximos problemas será resolvido com mais facilidade e mais rapidamente.

Se tiver subordinados, você não precisará resolver todos os problemas sozinho, pois poderá delegar parte dessas soluções aos seus funcionários. Mesmo assim, é função vital para o empreendedor acompanhar e auxiliar seus funcionários na solução de problemas.

Lembre-se sempre de que, dentro da sua empresa, todas as decisões são suas, mesmo que você as tenha delegado. A responsabilidade por tudo na empresa é do dono, do empreendedor. Escolha bem os funcionários, dê autonomia, mas assuma as responsabilidades. As guerras são travadas por soldados, mas quem ganha ou perde são os generais, responsáveis pelas estratégias.

É claro que seus funcionários erram, mas dentro do escopo de sua função de empreendedor e líder de uma equipe, você precisa assumir a responsabilidade pelos erros de todos, e tem o dever de orientá-los para que isso não ocorra mais, mostrando como eles devem proceder em suas funções. Em última instância, se for necessário, você deve fazer as substituições de pessoal. A administração dos recursos humanos de uma empresa é um dos principais fatores para o sucesso do negócio.

Como eu cito várias vezes no decorrer deste livro (a repetição não é por acaso), empreender é uma grande luta diária, mas a maior batalha que você sempre irá travar é contra você mesmo. Você terá que vencer a si mesmo para manter o ânimo, a disposição, para trabalhar mais horas, não ter preguiça, se esforçar além do que deveria e muito mais.

Essa luta contra você mesmo é a única que realmente faz diferença na sua vida. Se você conseguir vencer as lutas internas que atrapalham a sua organização, levam você a procrastinar, tiram o seu ânimo e garra para criar e trabalhar, os resultados serão práticos e rápidos.

Não é fácil se olhar no espelho e dizer para si mesmo: "Você precisa mudar de vida!" E, mais ainda, tomar atitudes concretas e consistentes para possibilitar essa mudança, para que você realmente evolua em sua vida pessoal, financeira e profissional. Para mudar, você deve criar uma vida nova, aprendendo coisas novas, realizando coisas novas. Além disso, você precisa ficar desconfortável, sair da sua zona de conforto e lutar, realmente lutar com todas as forças.

O início de tudo é decidir onde deseja chegar, ou seja, como você quer que seja a sua nova vida, e ter força para empreender. E sabe de onde você vai tirar essa força? De você mesmo!

O seu sucesso sempre dependeu de você criar a força necessária para lutar. Essa força você já tem, mas precisa "colocá-la para fora" e saber como usá-la. Nunca use desculpas dizendo que tudo é difícil e que não há como superar essas dificuldades. Só depende de você, NINGUÉM FARÁ VOCÊ CHEGAR AOS SEUS OBJETIVOS, SÓ VOCÊ!

O mais difícil, nessa luta interna, é controlar os seus sentimentos. A maior parte das vezes, você não faz o que deveria fazer e na hora que deveria fazer, em razão de algum sentimento negativo, como preguiça, tristeza, desânimo ou outros.

Controlar seus sentimentos é uma tarefa difícil, mas por meio da disciplina, que é algo que você pode praticar e implantar na sua vida, os sentimentos negativos não terão força suficiente para impedi-lo de fazer o que precisa ser feito; é muito mais fácil controlar o que você faz. Por exemplo, você pode ir para a academia, mesmo se estiver se sentindo triste. Pode trabalhar uma hora a mais, mesmo se estiver cansado ou com vontade de parar para assistir TV ou navegar nas redes sociais (aliás, as redes sociais são o pior "veneno" para o empreendedor, a não ser que as esteja utilizando para seu trabalho). Se não estiver com vontade de trabalhar, mesmo assim você pode ir trabalhar.

Lembre-se de que você sempre poderá controlar o que vai fazer e não deve se preocupar tanto com o que não consegue controlar. A vida não vai esperar que você esteja bem e preparado para executar as suas tarefas, e não vai ser complacente com os seus erros. Faça o que precisa ser feito, mesmo que seja difícil. Isso se chama disciplina.

Resumindo, o importante é manter a disciplina, ter um fluxo de trabalho intenso e constante, tirar da frente as distrações e manter o foco nas suas metas e objetivos.

"

O empreendedor é o
"capitão do seu navio": se ele chegar
rápido ao destino, é mérito do capitão,
e se ele afundar no meio do caminho,
será sua total responsabilidade.

"

• CAPÍTULO 14 •

Para ter sucesso, às vezes é preciso fracassar primeiro

Como uma criança que leva muitos tombos antes de começar a andar corretamente, um praticante de artes marciais vai cair, levantar e apanhar muito, antes que possa se tornar um faixa preta ou um campeão em competições.

No início, o praticante precisa aprender o básico para poder começar a lutar. Depois, precisa lutar, de preferência, todos os dias, e com pessoas diversas. Na academia, na hora dos combates, que geralmente acontecem na parte final das aulas, fazemos um rodízio de parceiros, para que todos os participantes possam lutar entre si. Isso faz com que o aluno lute com oponentes mais fracos, com outros mais fortes e com aqueles cujo nível de combate é parecido com o dele. Ele também enfrenta todo tipo físico: pessoas mais altas, mais baixas, mais leves e mais pesadas. Isso ajuda bastante, pois essa é a única forma de o aluno conseguir treinar e se ver em situações bem variadas de combate.

Quando você luta com alguém mais alto, mais forte e com melhor técnica do que a sua, você "apanha", mas evolui muito! Nos treinos, os alunos muitas vezes se machucam e isso faz com que alguns desistam de praticar o Taekwondo ou outra arte marcial. Entretanto, suportar as pancadas, os machucados e o cansaço é algo que faz parte do processo de seleção entre os que realmente querem se tornar um lutador faixa preta, um mestre ou um campeão, descartando naturalmente aqueles que não têm a força de vontade para chegar lá.

Isso também acontece no mundo empresarial. Os empreendedores que alcançaram o sucesso, na grande maioria, falharam e até faliram muitas vezes, antes de alcançar os seus objetivos.

Michael Jordan, uma das maiores lendas vivas do basquete da NBA, fala abertamente sobre os números do seu sucesso:

> "Errei mais de 9.000 arremessos na minha carreira. Perdi quase 300 jogos. Vinte e seis vezes fui escolhido para fazer o arremesso final e falhei. Eu falhei e continuo falhando muitas vezes na minha vida. E é por isso que eu obtive sucesso."

Errar faz parte do processo de aprendizado, são as "lições da vida", mas, é claro, erramos sempre tentando acertar!

É importante lembrar que um vencedor é apenas um perdedor que insistiu muito, caiu e se levantou diversas vezes, até conseguir vencer. Essa insistência e a prática adquirida com a repetição das tarefas, até que se aprenda bem alguma coisa, é o que acaba gerando um alto nível de autoconfiança, fator que também é essencial ao sucesso.

Durante a sua jornada empreendedora, você vai cair muitas vezes, e isso é normal. Quando algo der errado, você tem a opção de deixar que isso o derrube e de não se levantar por muito tempo ou de encarar a situação apenas como um passo para trás, que pode acontecer quando você dá dois passos para a frente. Você sempre poderá tirar uma lição das coisas que deram errado e usar o que aprendeu para avançar com mais rapidez.

Você nunca será capaz de realizar grandes feitos se não souber realizar primeiro os pequenos. Na vida, o aprendizado é acumulativo e gradativamente vai ficando mais complexo. Não tente pular da primeira fase para a décima, sem passar por todas as fases. É imprescindível que você aprenda a cada passo, tentando, errando e acertando, pois, sem isso, nunca será capaz de chegar aonde deseja e realizar seus sonhos.

Há um vídeo circulando há muito tempo na Internet, no qual o almirante da marinha americana William H. McRaven faz um discurso na formatura de uma turma na Universidade do Texas, em 2014. Nesse discurso, ele falou sobre a importância de saber arrumar bem a cama, todas as manhãs. McRaven diz que quando acordamos e arrumamos a cama, bem-feita, fazemos uma pequena, mas importante realização. É a primeira tarefa realizada com sucesso no dia e isso mostra ao nosso cérebro que podemos fazer mais e o nosso dia provavelmente será cheio de tarefas cumpridas.

Arrumar a cama de manhã também nos "coloca de pé" realizando algo relacionado com organização e limpeza, o que ajuda a formatar a nossa mente para um dia organizado. Acertaremos em algumas tarefas e erraremos em outras, mas o importante, segundo o almirante, é seguir em frente e que no final do dia, se a maior parte das tarefas não tiver sido bem-sucedida, pelo menos teremos uma cama arrumada ao voltar para casa e a lembrança de que algo, por menor que tenha sido, deu certo naquele dia.

Além disso, essa prática é um exercício de disciplina muito bom, pois se torna uma rotina diária ligada à organização. Arrumar a sua cama diariamente é uma das muitas pequenas práticas de disciplina que podem mudar a sua vida.

A disciplina é imprescindível para continuar avançando, especialmente depois de grandes fracassos. Lembre-se: se você perseverar mesmo depois de fracassos ou várias tentativas frustradas, conseguirá atingir os seus objetivos. O importante é manter uma disciplina consistente.

Nós aprendemos muito mais com nossos erros do que com nossos acertos, mas também podemos aprender estudando os erros de outros empreendedores. Ler biografias de grandes empreendedores é sempre uma fonte de inspiração. Podemos aprender com as lições de sucesso, mas também com as lições dos fracassos desses empresários que acabaram sendo bem-sucedidos, depois de tentarem muito.

Mencionando mais uma vez dois dos maiores empreendedores do mundo moderno, Elon Musk e Jeff Bezos (sobre os quais eu já escrevi e publiquei biografias de negócios), ambos cometeram muitos erros e tiveram muitos fracassos, antes de alcançar o sucesso. Aliás, mesmo depois de construírem seus impérios, eles continuaram falhando eventualmente e isso é o que os move sempre para a frente.

Elon Musk, com sua empresa aeroespacial, a SpaceX, está em uma empreitada para produzir em grande escala o foguete Starship, que é um gigante capaz de levar ao espaço 100 toneladas de carga ou cerca de uma centena de passageiros. Essa nave é diferente de tudo que já foi criado em termos de tecnologia espacial e Musk não vai desistir até conseguir. Mas desde o início do projeto, falhas em pousos ou em decolagens já destruíram vários desses gigantes espaciais. Os críticos apontam esse projeto como uma "megalomania" de Musk, que quer construir uma colônia humana em Marte. Entretanto, Musk não desistiu e os testes estão cada vez mais perto de deixar a Starship totalmente operacional em breve. Os contínuos fracassos, com a destruição de várias naves, não foram suficientes para enfraquecer o espírito inabalável de Elon Musk. Com esse espírito de persistência, ele teve que arriscar muito, errar muito, para poder acertar grande em muitos negócios.

Jeff Bezos relatou em muitas entrevistas que já fez tentativas frustradas na ordem de bilhões de dólares, com a aquisição de empresas e a criação de produtos e serviços que não prosperaram, mas, segundo ele, isso não importa, porque os empreendedores precisam fazer suas apostas e "abraçar" suas falhas, para que possam colher frutos muito maiores do que as suas perdas.

Empresas que não costumam ousar constantemente acabam ficando em uma posição de ter que fazer uma aposta que possa custar a sua própria existência. E esse tipo de aposta desesperada é literalmente a última chance de se fazer algo.

Aceitar riscos, como já falei anteriormente, é necessário para chegar ao sucesso nos negócios e errar é um "efeito colateral" também necessário para o aprendizado e para alcançar seus objetivos.

Muitas pessoas famosas chegaram a falir antes de alcançar o sucesso e a fortuna. A escritora J. K Rowling, criadora do jovem mago Harry Potter, era uma mãe solteira falida, que insistiu no seu sonho de ser escritora e, quando mais nada parecia dar certo na sua vida, os seus livros da saga Harry Potter se tornaram um sucesso absoluto de vendas e, com isso, a versão cinematográfica foi feita e tornaram Potter um fenômeno difícil de ser replicado.

Walt Disney estava completamente falido quando criou o ratinho Mickey, que o salvou de ter que fechar sua empresa. Poucos anos depois, após um estrondoso sucesso no cinema, com a "Branca de Neve", Disney teve um grande fracasso, colocando-o novamente em situação de falência. Insistindo e arriscando até mesmo o que não tinha, Disney conseguiu emplacar novos sucessos nas telonas e mais uma vez escapou da ruína. Dali em diante, seu império não parou de crescer e mesmo depois da sua morte, as empresas de Walt Disney seguiram crescendo e inovando.

Walt Disney foi, sem sombra de dúvidas, um dos maiores *cases* inspiradores para empreendedores de todo o mundo. Como alguém que arriscou muito e quase faliu várias vezes, ele tinha toda a propriedade necessária para inspirar. Duas de suas frases mais famosas são usadas em muitos discursos motivacionais: "A diferença entre ganhar e perder, na maioria das vezes, é não desistir" e "Todos os seus sonhos podem se tornar realidade, se você tiver a coragem de persegui-los".

Bill Gates também teve sua cota de fracasso. Pouco tempo depois de criar a Microsoft, ficou à beira da falência e, graças a isso, conseguiu fechar um acordo milionário com a IBM, que mencionei anteriormente com mais detalhes.

Nada como uma pressão para fazer com que tenhamos ideias geniais!

Todos os grandes empresários, esportistas e estrelas de Hollywood, pessoas de destaque no mundo, tiveram sua parcela de erros e fracassos, antes de alcançar o sucesso. O fracasso em algum tipo de empreitada de negócios traz alguns benefícios além do simples aprendizado. Quando nos vemos em uma situação difícil, de falência, sem ter recursos para saldar dívidas e voltar aos negócios, o cérebro acaba procurando saídas que sejam viáveis. Como já citei aqui, repetidamente, trabalhar sob pressão pode trazer ótimos resultados.

Você certamente já ouviu a antiga frase que diz: "A necessidade é a mãe da invenção", atribuída a Platão. Essa é uma grande verdade, pois quando o empreendedor se vê em uma situação difícil, aparentemente sem saída, assim como um lutador de Taekwondo que está encurralado no canto da quadra durante o combate em um importante campeonato, ele vai lutar com todas as forças, enfrentar a dificuldade, analisar todas as opções e encontrar uma saída viável. Nessas horas, o mais fácil é "jogar a toalha", mas quem se recusa a desistir e continua lutando sempre encontra uma saída e um caminho para continuar seguindo em direção a seus objetivos.

A maior lição que qualquer empreendedor pode tirar de um fracasso ou de vários fracassos seguidos é conseguir seguir em frente, mesmo sem ter boas perspectivas. Para isso, somente duas palavras definem o que é necessário para que a jornada do empreendedor que esteja vivendo uma situação difícil continue: disciplina e persistência. A disciplina faz com que o empreendedor continue executando o seu trabalho, independentemente de como esteja se sentindo, da disposição e de todos os problemas que esteja enfrentando. A persistência é a vontade de continuar, é a força que move as pessoas de sucesso, de quem se recusa a desistir e luta até conquistar o que deseja.

• CAPÍTULO 15 •

Saber vender é essencial

Este capítulo eu considero um dos mais importantes. Falar sobre vendas é falar sobre a verdadeira essência de todos os negócios, a essência do trabalho de todos os empreendedores.

Como empreendedor, tudo que você produzir, seja um produto, serviço, conteúdo, ideia, ou qualquer outra coisa, terá que ser vendido. Todas as empresas existem com uma única finalidade: gerar riqueza. Para isso, é preciso que, seja o que a empresa produzir, terá que ser vendido de alguma forma, para que gere riqueza, dinheiro.

Para isso você precisa aprender a vender, e muito bem! É claro que, sendo o dono da empresa, você não precisa, necessariamente, ser a pessoa que efetivamente vá realizar as vendas, mas precisará criar, pelo menos, o esboço da estratégia e do modelo comercial da sua empresa. Depois disso, é colocar todos os esforços possíveis nas vendas. Lembre-se, você pode ter o melhor produto ou serviço do mundo, mas se não conseguir vender o que produzir, não conseguirá ter sucesso nunca.

Saber vender é algo que acompanha a humanidade há milênios e para alguns povos, mais do que outros, as vendas fazem parte da cultura. No Oriente Médio, por exemplo, saber vender é algo ensinado às crianças, desde bem pequenas. E saber vender é algo que está direta e completamente ligado ao valor do dinheiro e o que podemos fazer com ele. Em sociedades e grupos menos favorecidos financeiramente, o dinheiro tem um valor vital para a subsistência das pessoas, que precisam lutar com todas as suas forças para conseguir ao menos comprar comida, uma necessidade básica do ser humano. Com isso, essas pessoas acabam fazendo de tudo para ganhar dinheiro e, consequentemente, acabam desenvolvendo uma grande capacidade em vendas.

Vender é a principal batalha do empreendedor. É uma luta diária que pode requerer vários procedimentos, dependendo do produto ou serviço oferecido. Na grande maioria dos casos, é preciso entrar em contato com potenciais clientes, negociar preços, prazos, quantidades, disputar o melhor espaço para expor um produto no ponto de venda e muitos outros passos vitais para maximizar as vendas.

A tarefa de vender não é fácil, e é a que requer mais ânimo e empenho de quem atua na área de vendas e do empresário cujo negócio depende desse recurso. Em muitos casos, empreendedores simplesmente desistem de continuar tentando e vão à falência, porque não conseguem realizar as vendas em um volume que seja, no mínimo, promissor. Vender de modo satisfatório, obtendo o maior lucro possível, ou, no mínimo, para que o negócio seja sustentável, é sempre o maior desafio para os empreendedores.

Em uma palestra motivacional, Arnold Schwarzenegger – astro do cinema e governador da Califórnia de 2004 a 2011 – narrou o início de sua carreira e sua luta para ganhar dinheiro ao chegar nos Estados Unidos, vindo da Áustria, seu país natal. Ele fez um pouco de tudo para sobreviver, e contou parte dos problemas que enfrentou. Em seu discurso, ele deu um conselho àqueles que quisessem vencer na vida, dizendo que teriam que pensar em três coisas: "vender, vender e vender". Realmente, vender é o coração de qualquer atividade que possa gerar riqueza.

Eu costumo falar que a cultura de cada país, bem como a de determinados grupos dentro de cada sociedade, influencia muito a forma como lidamos com o dinheiro e geramos riqueza. Algo que sempre chamou a minha atenção é a diferença gritante de *mindset* entre brasileiros e americanos, que pode ser percebida notoriamente em uma simples expressão comum nos dois países: enquanto nós dizemos "ganhar dinheiro", eles dizem "fazer dinheiro" (*make money*). Ou seja, nós esperamos "ganhar" algo, enquanto eles têm plena consciência de que podem "fazer" esse algo acontecer. Isso é extremamente relevante como fator cultural.

Desde a infância, os americanos já sabem que o dinheiro "se faz", com trabalho e vendas. Por essa razão, eles são incentivados, ainda crianças, a trabalhar nas férias escolares, prestando algum serviço ou vendendo algum produto. A partir dessa primeira experiência profissional, eles entendem ainda mais a importância do trabalho e das vendas para "fazer dinheiro" e conquistar o que desejam.

Como já mencionei, existem pessoas com maior ou menor facilidade para realizar vendas e boas negociações, mas tudo na vida pode ser aperfeiçoado. É importante aprender sempre novas técnicas de vendas, especialmente se você vai trabalhar com um segmento que não conhece muito bem. Livros, cursos, palestras e vídeos no YouTube são sempre uma boa fonte, e seja como for, sempre tente se aprimorar na arte das vendas, pois disso depende o seu sucesso, mesmo que você não exerça a função de vendedor de maneira direta. De qualquer forma, seja como empreendedor ou vendedor, sempre precisamos nos concentrar nas vendas e em obter os melhores resultados possíveis com elas.

Outro ponto importante é que existem diversas formas de realizar vendas. Desde que "o mundo é mundo", as vendas diretas, "olho no olho" sempre foram as mais comuns e, por muitos séculos, talvez a única modalidade. As pessoas compravam em feiras ou eram visitadas por vendedores ambulantes. Surgiram então as televendas, quando as pessoas eram abordadas por vendedores pelo telefone ou ligavam diretamente para as lojas ou centrais de atendimento para fazer suas compras. Essa modalidade ainda existe e tem sua força, mais o auge desse tipo de vendas ficou para trás. A Internet veio para revolucionar o mercado e, com isso, tornou-se um importante canal de vendas, que funciona muito bem sozinho ou mesmo como parte de um projeto que englobe outros canais, como vendas em lojas físicas, televendas etc.

Atualmente, para conseguir um bom resultado de vendas, é preciso saber comercializar por intermédio de vários canais, como lojas, Internet, redes de distribuição etc. Existem indivíduos que são geniais na venda direta, seja atrás de um balcão ou em qualquer outra situação na qual esteja frente a frente com o comprador, mas em se tratando de vendas pela Internet, eles não têm ideia de como proceder. Já outros são especialistas em vendas B2B (sigla em inglês para *business to business*), ou seja, de uma empresa para outra, e trabalham com representação, por exemplo, negociando entre um fabricante de sapatos e as lojas de varejo, mas que não sabem vender diretamente ao consumidor final ou pela Internet. Para obter o sucesso que você almeja e gerar o faturamento que você estabeleceu como meta, é preciso saber vender por vários canais, mas se você não for especialista em alguns, não hesite em pedir ajuda, contratar funcionários que saibam sobre o assunto ou mesmo uma consultoria. O que importa é vender, vender e vender!

Como empreendedor, você precisa criar formas eficientes de vendas, seja exclusivamente pela internet, por revendedores ou qualquer outro meio. O importante é que funcione e você consiga vender. Crie metas, e se você tiver uma equipe de vendas, ela também precisa ter metas claras e realmente alcançá-las.

Escolher corretamente os canais de vendas que serão utilizados é um dos pontos críticos para o sucesso de uma empresa. Muitas vezes você está tendo um relativo sucesso utilizando um determinado canal, mas uma simples mudança de canal de comercialização pode fazer uma diferença gigantesca nas vendas.

Um dos maiores exemplos da história, sobre mudar a forma e o canal de venda de um produto que se transformou em sucesso, foi a Coca-Cola. Inicialmente, a bebida era vendida em balcões, feita na hora, no que chamamos hoje de "máquinas de refrigerantes". A história da Coca-Cola conta que um estranho teria dito a um funcionário da empresa que detinha o controle do produto, isso no final do século XIX, e que por

500 dólares, diria duas palavras que valeriam milhões para a empresa. As palavras, em inglês, eram *bottle it* ("engarrafe", em tradução livre).

O fato é que, em 1894, a Coca-Cola passou a vender sua bebida engarrafada por todo o território dos Estados Unidos e depois para quase todos os países, criando assim a marca mais famosa do mundo. Ou seja, quando a Coca-Cola decidiu mudar a forma como vendia o seu produto, passando a engarrafar e a vender o seu refrigerante também em lojas, mercados e qualquer outro tipo de comércio, ela se transformou no sucesso que conhecemos hoje.

Atualmente, o peso das vendas pela Internet no faturamento das empresas não para de crescer. Como você certamente sabe, existem muitos produtos e serviços que são vendidos exclusivamente na Internet e existem plataformas de vendas on-line que trabalham apenas com produtos digitais, enquanto outras trabalham vendendo produtos digitais e físicos.

Da mesma forma que vender é o alvo principal de um empreendedor, em uma competição de Taekwondo, marcar pontos é o que importa. Por mais bonita que seja uma luta em um campeonato, que o lutador dê chutes impressionantes, altos, giratórios e com velocidade, nada disso importa se ele não conseguir acertar o oponente no colete peitoral ou na cabeça, únicos lugares onde são computados pontos. E as vendas são os únicos pontos que contam para uma empresa.

Eu já conheci lutadores de Taekwondo com capacidades impressionantes, que conseguem dar chutes a mais de 2 metros do chão, sem apoios, ou pular cerca de 5 metros de altura utilizando apoios; que quebram madeiras em demonstrações, algumas com cerca de 5 centímetros de espessura; que quebram telhas com a cabeça, ou com golpes utilizando somente a ponta dos dedos das mãos, mas que, apesar de toda essa destreza, não conseguem ir bem em campeonatos. Isso acontece simplesmente porque muitos desses supertalentosos lutadores não conseguem marcar tantos pontos em uma luta de campeonato quanto oponentes que não tem a mesma habilidade.

É claro que talento e brilhantismo ajudam qualquer pessoa, mas essas qualidades não são as únicas responsáveis pelo sucesso. Nada supera a persistência e o trabalho duro. Como empreendedor e profissional de administração de empresas e marketing, já conheci pessoas que não tinham nenhum talento especial para vendas, mas eram persistentes e conseguiam vender muito mais do que outras que, teoricamente, teriam mais condições para realizar boas vendas. Para conseguir vender muito, é preciso muita persistência e o "sangue nos olhos", para não parar nunca de tentar, ligando incansavelmente para possíveis clientes, se necessário, "vencê-los pelo cansaço" e nunca desistir.

Muitas vezes, pessoas com talento, educação superior e extremamente inteligentes não conseguem superar vendedores que têm apenas força, determinação e a persistência necessária para obter ótimos resultados. O que importa, no final, é que a empresa consiga realizar as vendas necessárias para lucrar e crescer, ou, ao menos, manter-se viável. O papel do empreendedor é certificar-se de que isso aconteça.

O antigo ditado diz que "A propaganda é a alma do negócio", mas eu acredito que, na verdade, as vendas sejam a alma de qualquer negócio. De nada adianta você ter um produto de altíssima qualidade, com preço adequado, um pós-venda maravilhoso, redes sociais incrivelmente bem montadas, se não estiver vendendo. Se as vendas não acontecerem, o seu negócio terá fim e nada poderá mudar esse fato, a não ser que você comece a vender.

Eu já conheci muitos empresários que viveram exatamente essa situação. Tinham bons produtos ou serviços, mas simplesmente não conseguiam encontrar bons canais de vendas ou não tinham nenhuma aptidão para comercializar.

Houve um caso de um empresário que tinha uma ótima linha de produtos, e logo que começou a produzi-los, conseguiu um canal de vendas muito bom, comercializando-os por meio de um programa de vendas na TV. O produto se transformou em um sucesso de vendas, mas, depois de alguns anos e um desentendimento com a produção do programa, o empresário encerrou aquela parceria. Daquele momento em diante ele teve grandes problemas para colocar os seus produtos no mercado, tentando revendê-los para lojas físicas de comércios locais.

Ele tentou por mais de um ano, mas não teve a habilidade suficiente para saber negociar com esse tipo de comércio e acabou sendo obrigado a fechar a fábrica.

É preciso ter bons produtos ou serviços para vender, mas sem a *expertise* em vendas, nada progredirá. Por essa razão, estratégias de vendas mais agressivas precisam ser utilizadas, especialmente por empreendedores que estejam começando a sua jornada. Conquistar um mercado de clientes, na maioria das vezes, é mais difícil do que mantê-lo. Quando se trata de clientes que irão revender o seu produto, fica ainda mais difícil, porque você terá que competir pelas compras dos seus clientes.

É vital que haja um bom planejamento para as vendas, com a criação de um modelo comercial que possa ser implementado e que seja eficiente. O "ataque" aos clientes tem que ser rápido, convincente e com resultados imediatos. Tudo em uma empresa pode levar algum tempo, mas as vendas precisam acontecer diariamente.

Para criar um modelo comercial e estratégias de vendas eficientes, primeiro você precisa analisar as seguintes informações básicas:

- Quem é o público final, alvo do seu produto;
- Quais serão os canais de venda e distribuição;
- Logística de entregas;
- Como vai ser feita a comunicação para o público final e revendedores;
- Quais serão as estratégias de preço e prazo para pagamento oferecido aos revendedores ou para os clientes finais, no caso de vendas diretas;
- Quem serão as pessoas responsáveis por efetuar as vendas – diretor comercial, gerentes de vendas, supervisores de vendas e vendedores;
- Estratégias de fidelização de clientes;
- Análise de resultados e ajustes necessários.

Ter um modelo comercial bem estruturado, utilizando as melhores estratégias possíveis é um dos principais fatores que influenciam o sucesso de qualquer empresa.

Lembre-se de que vender vai ser sempre o maior combate diário no seu negócio. Nada acontece e a empresa não se sustenta sem as vendas adequadas. Você precisa lutar com todas as forças para vender o máximo que puder, no menor tempo possível e com a maior lucratividade que conseguir.

Muitos combates são travados na área comercial. O mais comum e que demanda mais tempo e dedicação é a "batalha" travada com compradores que irão revender o seu produto. Uma empresa de produtos de higiene, por exemplo, que tem como principais clientes os supermercados, vive em uma constante batalha com os compradores. Isso porque alguns dos interesses de ambas as partes acabam colidindo e precisam ser minuciosamente negociados.

Quando a empresa produz ou revende algo diretamente ao consumidor final, a estrutura de vendas precisa ser bem treinada e eficiente. Atender diretamente o consumidor final não é uma tarefa fácil, seja um atendimento "corpo a corpo", em lojas, ou pela Internet, em que a interação direta com clientes acontece via e-mail, chat e até por telefone. Ao contrário de atender poucos clientes grandes, revendedores do seu produto, atender diretamente o consumidor final é uma "arte". A diversidade de situações ao atender diretamente um público mais amplo faz com que os profissionais da área de vendas acabem enfrentando situações muito diversas e algumas totalmente inesperadas. É preciso saber valorizar cada cliente e atender a cada um como se fosse o mais importante. Nunca subestime o potencial de compra de um cliente, faça sempre o melhor atendimento, pois clientes improváveis também compram e podem surpreender, comprando muito.

Outro combate que empresas travam frequentemente, direta ou indiretamente, é com seus concorrentes. Quando uma empresa concorrente lança um produto novo, supostamente melhor do que o seu, os supermercados tendem a comprar mais dela. Nesses casos, muitas vezes as empresas em desvantagem lançam rapidamente novos produtos que sejam competidores, de qualidade igual ou superior aos do concorrente, ou investem em um marketing melhor. É preciso sempre fazer de tudo para "reconquistar" clientes para sua marca.

É possível utilizar muitas estratégias de vendas que realmente funcionam. Existem técnicas que direcionam o processo de venda, utilizando "gatilhos mentais" que induzem o cliente a se interessar mais em comprar. Além disso, durante a venda, é possível negociar com o comprador, seja ele um consumidor final ou uma empresa que irá revender o seu produto.

Descontos, prazos para pagamento, *cash back* (valor de desconto para próximas compras), brindes e muitas outras estratégias são válidas e realmente podem influenciar a decisão de compra do cliente. Além disso, a forma como você se porta e conduz a conversa enquanto tenta vender é extremamente importante. Um discurso "vendedor", convincente e agradável é sempre a principal arma de qualquer vendedor. A postura do vendedor é extremamente relevante e muda totalmente o resultado. Todos os clientes, sejam eles consumidores finais ou compradores empresariais, têm suas expectativas de como gostariam de ser tratados, o que esperam ouvir dos vendedores, quais as condições aceitáveis para que possam efetivamente comprar o produto ou serviço etc.; um bom vendedor sabe detectar essas preferências e adaptar seu discurso para fechar uma venda.

Apesar do fato de que "cliente é cliente", há uma diferença muito grande entre vender para consumidores finais (pessoas físicas) e para clientes empresariais (pessoas jurídicas). Além disso, cada nicho de mercado tem suas peculiaridades, fazendo com que, por exemplo, um ótimo vendedor de uma fábrica de calçados, que sabe fazer ótimas vendas de sapatos para lojas de calçados não tenha o mesmo desempenho se tentar vender peças de carros para lojas de autopeças. São mercados diferentes, com características bem específicas

“

Todas as empresas existem com
uma única finalidade: gerar riqueza.
Para isso, é preciso que,
seja o que a empresa produzir,
terá que ser vendido de alguma forma,
para que gere riqueza, dinheiro.

”

• CAPÍTULO 16 •

O guerreiro nunca demonstra suas fraquezas

Uma luta de Taekwondo – ou de qualquer outra arte marcial – não deixa de ser um jogo, assim como uma guerra, que também é considerada como um jogo de estratégias. E como na maioria dos jogos, enganar e iludir os oponentes é uma estratégia vital. Nas artes marciais é comum que lutadores se machuquem durante lutas, quando levam chutes, socos, torções ou mesmo quando sofrem quedas. Machucar-se é normal nas lutas, mas se o lutador demonstrar que ficou enfraquecido com um golpe, pode ser fatal.

Uma estratégia usada constantemente, nesse caso, é iludir o oponente. Ao receber um golpe muito forte, o lutador precisa demonstrar que não ficou abalado com o impacto. Se o lutador for bem-sucedido em fingir que o golpe não o abateu, isso confundirá o seu oponente, que ficará se questionando como foi possível um ataque com tanta potência não ter surtido efeito! Essa dúvida o levará a pensar que o lutador é muito mais forte do que parece e, se é capaz de aguentar golpes muito fortes, provavelmente acabará proferindo golpes mais fortes ainda. Como consequência, ele ficará apreensivo e intimidado.

De maneira resumida, podemos dizer que saber fingir que não ficou abalado com um golpe muito forte intimida muito o seu oponente que, no mínimo, ficará confuso, mais propenso a cometer erros e mais vulnerável a ataques.

Nos negócios, essa estratégia pode ser muito útil em negociações. Fingir que não está preocupado com algum movimento de um fornecedor, cliente ou concorrente é uma estratégia que ajuda muito.

O bom lutador não demonstra fraquezas nem alardeia suas capacidades e trunfos. Ele não fala sobre os seus problemas com seus colegas. O guerreiro nunca mostra suas fraquezas. Portanto, não fale mal sobre si mesmo, nem deprecie sua capacidade para outras pessoas, nem para você mesmo. Isso é mostrar fraqueza.

Além de não demonstrar ou falar sobre seus pontos fracos, o lutador não deve ficar falando sobre seus pontos fortes, seus trunfos. Falar sobre seus pontos fortes faz com que inimigos estejam preparados para contra-atacar. Além disso, faz com que pessoas que não estejam ao seu lado "torçam" contra você, apenas por saberem de suas qualidades e trunfos.

O lutador, quando tem medo e se sente acuado, é nesse momento que ele ataca. O bom guerreiro nunca se deixa ser acuado em um lugar sem saída. O campo de batalha precisa estar em sua mente o tempo todo e as saídas sempre prontas para serem usadas.

Em qualquer arte marcial, o lutador é responsável por suas estratégias e pelo esforço de colocá-las em prática. Você precisa saber o que fazer, como fazer e quando fazer. Para isso, precisa estar preparado, procurando o conhecimento necessário e colocando-o em prática. Cada erro será um aprendizado, mas o foco precisa ser a vitória. Erros calculados podem levá-lo à vitória. Erros frequentes, sem ganhos de aprendizado, expõem estratégias equivocadas, que precisam ser revistas, descartadas e substituídas. Se você mantiver o foco em encontrar soluções e não discutir o problema, alternativas eficientes surgirão.

Para conseguir identificar alternativas para solucionar problemas, crescer e aumentar os resultados, nada é mais eficiente do que escrever! Isso mesmo, descreva em um papel o problema que precisa solucionar ou as metas e objetivos que deseja alcançar. Depois, faça uma lista com 10 a 20 formas de alcançar esses objetivos ou de resolver o problema. Avalie uma a uma as alternativas e opte pela que for mais viável. Depois, é preciso implementar o plano com eficiência, para alcançar os resultados desejados.

É importante ressaltar que você sempre deve fazer esse exercício colocando objetivos ambiciosos para o seu negócio. Pensar grande é uma das principais características do empreendedor de sucesso. Ao focar nos seus objetivos e planejá-los bem, consequentemente você terá menos problemas no decorrer da sua jornada.

Por mais que você planeje e esteja preparado para tudo, problemas são inevitáveis. Resolver problemas são ações necessárias, mas um dos maiores erros que um empreendedor pode cometer é passar a maior parte do seu tempo resolvendo problemas, colocando a implementação do crescimento do negócio em segundo plano. O seu negócio deve estar sempre em ascensão. Lembre-se, não foque nos problemas e sim nas soluções e no crescimento do seu negócio.

Como lidar com as pessoas fora do seu negócio

Um empreendedor normalmente tem uma força interna muito forte, porque é a força da vontade de ver seus sonhos realizados, a vontade de mudar de vida e de fazer algo maior. Essa força de vontade e os objetivos que o empreendedor almeja, na maioria das vezes, fazem com que muitas pessoas ao redor tenham reações negativas das mais diversas, como inveja, desconfiança, preocupação e muitas outras.

Quando está prestes a iniciar o seu negócio, o empreendedor começa a ouvir conselhos de muitas pessoas. Em alguns casos, os conselhos são puramente destrutivos, vindos de pessoas que realmente não desejam que o empreendedor obtenha sucesso. Mas também haverá conselhos que se destinam realmente a ajudar.

O problema é que a maior parte dos conselhos recebidos vem de pessoas que, apesar de suas ótimas intenções, não são empreendedoras, nem possuem uma "mente empreendedora". Isso faz com que tais conselhos acabem não tendo um valor prático relevante e, muitas vezes, ainda podem atrapalhar. Por isso o empreendedor precisa estar sempre muito decidido, e pronto para avaliar todos os tipos de conselhos.

Existe uma regra que facilita muito quando ouvimos um conselho ou opinião: a pessoa que deu o conselho está onde você gostaria de estar? Ou seja, é um empreendedor com histórico de sucesso ou atuante na mesma área? Se não for, em geral, podemos dizer que a opinião tem grande chance de não servir para nada ou até mesmo poderá ser apenas uma crítica destrutiva.

Quando você quiser ou precisar aprender algo, procure um verdadeiro mestre, uma pessoa que tenha obtido sucesso e conquistado grandes realizações, ou então não haverá qualidade no ensinamento. Tome cuidado com conselhos de pessoas que não estão onde você gostaria de estar.

Um empreendedor acredita muito na sua ideia e quando escuta opiniões ou conselhos, tende a não os levar em consideração. Isso não é necessariamente um erro, pois, no final, os erros e acertos serão de total responsabilidade do próprio empreendedor. Entretanto, pode ser interessante desenvolver um bom "filtro" para os conselhos.

É mais fácil viver e trabalhar em tranquilidade quando ninguém sabe nada sobre você. Quando você conta seus planos, conquistas ou problemas, está abrindo portas para críticas, feedbacks negativos, conselhos inúteis ou destrutivos. Claro que nem tudo que você ouve são coisas negativas, mas você estará mais exposto ao negativismo do que se mantiver o silêncio e a discrição.

Ninguém pode destruir o que não conhece. O silêncio é a melhor defesa contra a negatividade e a inveja. Infelizmente, posso dizer que a maioria das pessoas com quem você convive não está realmente torcendo a seu favor e a cada sinal de melhora ou perspectiva de melhora na sua vida essas pessoas, secretamente, desejam que você não consiga realizar os seus planos. Isso porque, sob o ponto de vista delas, se você "subir na vida", vai lembrá-las de que elas mesmas não estão conseguindo atingir, nem mesmo idealizar, conquistas semelhantes.

Você só vai obter sucesso na vida se conseguir se afastar de pessoas cínicas e pessimistas. É muito difícil conseguir se desenvolver tanto pessoal como profissionalmente se você conviver em um ambiente com pessoas que "o levam para baixo", especialmente se for alguém com quem estiver em um relacionamento íntimo. O efeito psicológico que esse tipo de pessoa traz para a sua vida pode ser muito negativo. Se você for casado com alguém que não esteja torcendo pelo seu sucesso, certamente isso vai acabar minando suas forças e sua capacidade de crescer.

Afaste-se de todas as pessoas que só o desestimulam, que só torcem contra os seus planos e sonhos. Existe um ditado popular que diz "Se uma pessoa não faz parte da solução, ela faz parte do problema". E o que qualquer pessoa inteligente deve fazer em relação a isso? Simplesmente se afastar.

Proteja os seus planos de qualquer energia negativa com facilidade, simplesmente não falando sobre eles com ninguém. Você está em uma luta; não pode ficar falando para o seu oponente que é muito bom em algum chute ou soco específico, nem contando qual será o seu próximo movimento. Isso fará com que ele se prepare, aprenda a se defender e a contra-atacar. Portanto, não conte a ninguém nem os seus pontos fortes, nem os seus pontos fracos, pois isso será usado contra você.

Não revele os seus planos e sonhos às pessoas, mostre-os apenas quando conquistar. Em uma luta, a melhor arma que você pode ter é que seu oponente não saiba do que você é capaz. Pegue-o sempre de surpresa. Nunca conte suas habilidades, especialmente para aqueles que não estão ao seu lado. E como você nunca terá certeza total se alguém realmente "torce" por você, o melhor é não contar planos e conquistas para ninguém.

Não aceite e, principalmente, não "absorva" o que as pessoas disserem de forma negativa sobre você. Não se intimide quando alguém disser que você não consegue fazer alguma coisa. Ninguém tem o poder de derrubá-lo com palavras e você tem apenas que seguir em frente! Em combates e campeonatos de artes marciais, é comum que lutadores utilizem uma técnica "suja" que consiste em falar com seu oponente antes da luta e ameaçá-lo, dizendo, com raiva, que vai acabar com ele ou nocauteá-lo. Quem não tem consciência de que isso é uma estratégia, acaba ficando realmente intimidado e com maiores chances de perder o combate. Isso também ocorre, da mesma forma, na vida e no mundo empresarial.

Aprenda a lidar com as pessoas. Isso é muito importante. Muitos não se dão conta disso e passam a vida se autossabotando, simplesmente porque não se controlam e contam tudo para os outros. Você conhece alguém que entra em um táxi ou Uber e, em um trajeto curto, acaba contando toda sua vida? Essas pessoas acabam tendo muitos problemas causados por esse tipo de comportamento. Não importa se é um motorista, um amigo de infância, um parente ou quem quer que seja. Não conte seus planos até que tudo esteja concretizado e os resultados falem por si.

Surpreenda as pessoas com seus resultados, não conte seus segredos, não conte suas fraquezas e falhas, não conte o que pretende fazer – mova-se em silêncio. Quanto mais você ouvir e menos você falar sobre você, melhor.

Trabalhe em silêncio. Quem fala demais abre espaço para críticas e a maior parte das críticas vem de pessoas que não construíram nada e não tem experiência alguma para passar.

Você nunca será criticado por alguém que está fazendo mais do que você, só por aqueles que fazem menos e esses são a maioria, porque, quando você decide fazer algo maior com a sua vida e começa a colocar seus planos em prática, já passa a fazer parte de uma esmagadora minoria no mundo.

Além disso, muitas vezes, críticas vindas de pessoas pelas quais você nutre grande consideração podem ter um efeito psicológico ainda pior. Ser criticado por um estranho já é ruim, mas ser criticado por quem você tem consideração e gosta, é muito pior. Por essa razão, você precisa estar preparado para as críticas que certamente irá receber, mesmo que fale o mínimo. Prepare-se psicologicamente para essas críticas, basicamente, tendo plena consciência de que você vai recebê-las, mas que nada do que disserem poderá ter força suficiente para abalar sua crença em si mesmo. Ainda assim, a premissa de que não se deve falar nada é imprescindível.

Quando você estiver em uma jornada empreendedora, vai ouvir muitas opiniões. Algumas pessoas vão julgar suas atitudes e dizer que você é louco por estar se arriscando tanto. Você só é louco até obter sucesso. O mundo só avalia você com base em sucessos e fracassos. Quem tem sucesso é brilhante, quem não tem, é visto como incompetente ou simplesmente um fracassado. Lute com todas as forças, não conte seus planos, tenha disciplina, persistência e consistência. Você só precisa mostrar o seu valor e o seu sucesso para uma pessoa: você mesmo.

Outro ponto muito importante é ter em mente que você precisa selecionar bem as pessoas com as quais se relaciona. O meio e as pessoas com quem você convive afetam diretamente a sua vida. Mais uma vez: afaste-se de pessoas cínicas e pessimistas. É impossível ser uma pessoa positiva cercado de pessoas negativas.

O seu modo de agir e de pensar é fruto, entre outros fatores, das experiências que você tem com as pessoas com quem convive e se relaciona. Se você conviver com pessoas que não dão valor à cultura, à inteligência, que não têm ambições claras, que são negativas e depreciam a si mesmas e a todos ao redor, certamente você será impactado diretamente pelo comportamento dessas pessoas. O melhor é "filtrar" e se afastar daqueles que não agregam nenhum valor a você. E isso se aplica principalmente àqueles com quem você compartilha um relacionamento próximo e íntimo.

“

Não revele os seus planos
e sonhos às pessoas, mostre-os
apenas quando conquistar.
Em uma luta, a melhor arma que
você pode ter é que seu oponente
não saiba do que você é capaz.

”

• CAPÍTULO 17 •

Disciplina, persistência e consistência são as armas mais poderosas

Muitas pessoas almejam uma vida melhor, com liberdade financeira, sendo seu próprio chefe e podendo desempenhar uma atividade profissional da qual realmente goste. Não há nada de errado em desejar essas coisas, mas poucas pessoas realmente conseguem atingir esse patamar, porque não é fácil. É uma jornada que passa por muitos caminhos difíceis.

Nada supera a persistência aliada à disciplina. Talento e genialidade não superam, pois o mundo está cheio de gênios e de pessoas com talentos especiais que simplesmente não conseguem prosperar. Existem pessoas brilhantes que não conseguem nem sequer manter a organização nas suas casas. Para se ter sucesso e atingir grandes objetivos e resultados na vida, a disciplina é o principal "ingrediente".

A disciplina é capaz de influenciar totalmente o resultado de uma pessoa, tanto na vida pessoal, quanto na vida profissional. Um atleta que não treinar com disciplina nunca conseguirá obter grandes resultados, por mais facilidade que tenha para praticar um determinado esporte. Sem treino árduo, nenhum atleta venceria, por exemplo, uma competição olímpica. Para isso, é preciso acordar cedo todos os dias, treinar muitas horas, alimentar-se corretamente e fazer diversas outras atividades, repetidamente, para conseguir ter um alto rendimento. Esse é o mesmo processo de treinamento de um lutador de alto rendimento no Taekwondo ou em qualquer outra arte marcial.

É preciso manter o foco no treino físico e lutar diariamente, de preferência, com diferentes lutadores, para aprender a reagir a ataques e a defesas com estratégias diferentes. Para conseguir manter essa rotina, é preciso muita disciplina, pois certamente haverá dias em que o atleta não estará sentindo vontade de treinar ou fisicamente bem o suficiente. Mesmo assim, a disciplina o fará ir para o seu treino diário.

A partir do momento em que você tomar a decisão de empreender, precisará planejar e colocar seu plano em prática, e para que esse plano seja bem-sucedido, terá que agir mais e ter muita disciplina. Por melhor que possa ser um plano, se não for colocado em prática, com energia, disciplina e muita ação, ele estará condenado a dar errado.

Como já mencionei, ninguém alcança a excelência no Taekwondo, ou em qualquer arte marcial, sem muito treino, esforço, suportando as dores musculares e de golpes, como socos e chutes. A persistência de continuar lutando, mesmo depois de sofrer derrotas em campeonatos, e a consistência dos treinos, que precisam ser feitos diariamente, são a única garantia que alguém pode ter para se tornar um bom ou ótimo lutador. Isso serve tanto para os praticantes que almejam se tornar campeões, como para aqueles que almejam alcançar uma forma física elevada e realizar lutas de alto nível. Nada é mais eficiente do que a boa e velha persistência.

Depois de várias décadas treinando Taekwondo, constatei que são raríssimas as pessoas que persistem na prática. A maioria, como já mencionei, desiste logo no início ou pouco depois de se tornar faixa preta.

No mundo do empreendedorismo acontece a mesma coisa: a grande maioria das pessoas desiste! Isso porque é muito difícil enfrentar todos os desafios da jornada empreendedora. Quando alguém enfrenta dificuldades, quase sempre acha mais fácil desistir. De fato, é difícil persistir, entretanto, o sucesso só virá com a persistência e não existe "mágica" alguma que faça essa realidade ser diferente.

Tudo é possível, para tudo tem uma saída. Milhares de empreendedores em todo o mundo já provaram que é possível começar do zero, ou "abaixo do zero" e transformar uma ideia empreendedora em um negócio de sucesso, capaz de enriquecer seus idealizadores rapidamente. Mas a jornada empreendedora tem suas dificuldades e não são poucas.

Quando você estiver naquele momento em que se sentir perdido e não souber o que fazer, tenha certeza de que é possível conseguir, desde que você acredite. Nesses momentos, a maioria só enxerga o lado ruim e tende a desistir. São essas situações que separam os empreendedores que terão sucesso dos que ficarão pelo caminho, após desistir. A diferença entre os dois é simples: o que terá sucesso não desiste nunca, enquanto o que nunca terá sucesso, desiste com certa facilidade. Apenas a disciplina e a perseverança separam esses dois tipos de empreendedores.

Nas artes marciais, os lutadores mais experientes, que praticam há algum tempo, já passaram por várias situações em que se viram encurralados em um canto, recebendo golpes fortes de um oponente agressivo. Nesses momentos, para os iniciantes, o sentimento é de desespero total, pois parece não haver saída e, com isso, a derrota fica quase inevitável. Os lutadores experientes, por sua vez, antecipam esses momentos e acabam evitando que aconteçam. Mesmo assim, quando isso acontece, lutadores experientes conseguem ter a frieza necessária para avaliar rapidamente as opções e buscar uma saída que, muitas vezes, é decisiva.

Não importa se você é ótimo em alguma coisa, sem disciplina não vai chegar a lugar algum. Você não será nada sem disciplina, entenda isso de uma vez por todas! Não é possível ser um bom lutador, assim como um empreendedor de sucesso se você não tiver a disciplina necessária. E quanto maior a sua disciplina, maiores serão os resultados que vai conseguir alcançar.

Se você não tiver disciplina, irá desistir das suas lutas ao menor sinal de dificuldade. Mike Tyson, ex-campeão mundial de boxe, peso pesado, costuma repetir em várias entrevistas a seguinte frase: "Disciplina é fazer o que você odeia, como se amasse", ou seja, é fazer o que precisa ser feito, mesmo se estiver cansado, desanimado ou sem vontade de fazer. A disciplina é um dos fatores vitais, tanto nas artes marciais, quanto no empreendedorismo. Só é possível alcançar grandes resultados com grande disciplina.

A disciplina também nos dá a capacidade de realizar tarefas ou exercícios repetitivos, diariamente, até obter a excelência naquilo que estamos fazendo. E para isso, a sua vida como um todo precisa ter disciplina, tornando-se parte do seu dia a dia.

No adianta, por exemplo, treinar Taekwondo todos os dias, duas horas por dia, e não ter o mesmo nível de disciplina no seu trabalho. Você poderá ser um ótimo lutador, mas será um empreendedor medíocre. Você precisa ter disciplina em todas as áreas da sua vida pessoal e profissional. Só assim terá condições de crescer e se destacar em qualquer coisa. Eu recomendo que, para isso, você treine o seu cérebro com a repetição diária de hábitos saudáveis:

- Pratique alguma atividade física diariamente – de preferência, por duas horas e que sejam treinos extenuantes, bem cansativos.
- Cuide da sua alimentação – consuma muita proteína, vegetais, frutas e quase nada de doces (só eventualmente). Alimente-se a cada 3 horas. Isso é tão importante, que você deve colocar alarmes para que não se alimente nem antes, nem depois disso. Fuja do fast-food e lembre-se: você pode se alimentar como um vencedor ou como um perdedor! Qual vai ser a sua escolha?
- Estabeleça na sua rotina diária uma hora, pelo menos, para desfrutar de um lazer tranquilo ou contemplativo. Pode ser uma hora de leitura em um lugar tranquilo, ou para assistir a um filme ou série, ou para caminhar em um lugar calmo, meditar ou qualquer outra coisa que faça o seu cérebro "desacelerar".
- Tenha metas claras para a sua vida e reavalie essas metas diariamente, ou a cada dois dias. Isso faz com que você mantenha o foco e não desista dos seus sonhos e objetivos maiores.

A disciplina também ajuda a lidar com situações difíceis. Ser empreendedor ou lutador de arte marcial implica em passar por períodos árduos. Um empreendedor muitas vezes se vê comprometido com dívidas muito pesadas, com problemas trabalhistas ou com fornecedores e clientes. Alguns desses problemas podem colocar em risco toda a operação e qualquer descuido pode destruir o trabalho realizado. Muitos empreendedores investem em seus negócios todos os recursos que conseguiram acumular em uma vida inteira trabalhando. É muito risco em jogo e "dar errado" não pode ser uma opção. Entretanto, se o empreendedor não tiver disciplina, persistência e consistência no seu trabalho, poderá perder tudo.

Empreender é colocar em prática o plano para realizar um sonho. Sonhos sem metas são apenas sonhos e, se não se concretizarem, nos levam à frustração. Para alcançar os seus sonhos, você deve aplicar disciplina, persistência e consistência. Lembre-se: sem comprometimento você nunca começará nada, e sem disciplina você nunca terminará nada na sua vida.

Você já reparou, dentre todas as pessoas que conhece, que apenas algumas poucas costumam terminar tudo que começam? Estas poucas são aquelas que possuem disciplina. E quantas pessoas você conhece que começaram uma dieta, perderam um pouco de peso e logo desistiram, ou que iniciaram duas ou até três faculdades sem concluir nenhuma? Ou amigos que começaram a praticar um determinado esporte, permanecendo por algum tempo e pararam, e então começaram a praticar outro esporte, pararam novamente e, assim, sucessivamente? Talvez você tenha até se dado conta de que faz parte desse grupo que começa e não segue em frente! Mas qual é a importância disso? É entender que, sem disciplina, você não terminará nada, não fará nada direito.

A única alternativa que você tem, se quiser ser mais eficiente e ter um resultado na vida superior a mais de 90% das pessoas, é desenvolver a sua disciplina. Pode não ser fácil, mas é totalmente possível, e para isso, você tem que estar completamente disposto a mudar seus hábitos e sua vida (para melhor) e pagar o preço do esforço que terá que fazer.

Mudar completamente a sua vida pode ser mais rápido do que você imagina. Seis meses de trabalho duro, com disciplina e consistência, podem fazer toda a diferença. Assim como um lutador que se prepara para um combate importante, prepare-se e vença o maior combate da sua vida. Defina seus objetivos, metas e comece a trabalhar duro. Aprenda tudo que puder sobre o seu negócio e coloque em prática seus conhecimentos. Como em uma luta, a cada "soco" ou "chute" que levar, você vai aprender e fazer as devidas correções de rumo.

Disciplina é a chave para todo sucesso. Sem disciplina você não consegue vencer nenhum tipo de combate, nem contra a sua própria mente. Todo lutador precisa de disciplina para levantar todos os dias e treinar, mas treinar muito mesmo! Mesmo que esteja cansado, triste, se estiver chovendo ou fazendo muito calor, o lutador precisa treinar e se preparar para a batalha que vai enfrentar. O empreendedor também precisa ter esse mesmo nível de disciplina: aprender, gerar resultados todos os dias, manter a consistência no aprendizado e nas realizações e não desviar um minuto o foco de seus objetivos principais.

O mais importante é treinar a sua mente diariamente. A disciplina e a consistência vão levar você a lugares onde a motivação, por si só, não consegue. Motivação sem ação é um copo vazio.

Para alcançar grandes resultados, é preciso fazer sacrifícios que só uma mente disciplinada consegue fazer. Desenvolva a disciplina na sua vida, com a introdução de hábitos que precisam ser repetidos diariamente. Sem isso, você não conseguirá ter uma mente disciplinada.

Nas artes marciais, existe o conceito de "visão", que é o foco: você precisa estar focado nos seus objetivos. É como se tudo em volta se apagasse, como acontece em um exame de faixa, campeonato, demonstração ou em um treino mais consistente – é você contra você mesmo. Você não precisa ser melhor do que ninguém, precisa apenas se superar, ser melhor do que você era, continuar crescendo e produzindo resultados positivos.

A capacidade de focar ou hiperfocar em atividades é resultado de prática. Quanto mais você se esforçar para focar em uma única atividade de cada vez e conseguir se desligar de todo o resto, mais produtivo será e o seu foco ficará cada vez mais forte e efetivo.

Treine muito, trabalhe muito: nada é mais poderoso do que a disciplina, a persistência e a consistência aliadas ao trabalho pesado. Trabalhe muitas horas, todos os dias, mas com foco e determinação. Isso vai fazer com que o aproveitamento de cada hora trabalhada seja o melhor possível. Você trabalhará muitas horas e com alto nível de produtividade.

“

Nada supera a persistência aliada à disciplina. Talento e genialidade não superam, pois o mundo está cheio de gênios e de pessoas com talentos especiais que simplesmente não conseguem prosperar.

”

Bibliografia

Make your bed: little things that can change your life... and maybe the world, William H. McRaven, Grand Central Publishing, Estados Unidos, 2017, ISBN 978-1455570249

A Arte da Guerra, Sun Tzu, Novo Século, Brasil, 2015,
ISBN 978-8542805093

Jeff Bezos: Os negócios do empreendedor que revolucionou o comércio mundial, Eduardo Infante, Prata Editora, Brasil, 2023,
ISBN 978-6586262070

Elon Musk: Os negócios do empreendedor que está mudando o mundo, Eduardo Infante, Prata Editora, Brasil, 2021, ISBN 978-6586262018

Hiperfoco: como trabalhar menos e render mais, Chris Bailey, Benvirá, 2019, ISBN 978-8557173040

Walt Disney: O triunfo da imaginação americana, Neal Gabler, Novo Século, 2009, ISBN 978-857679212-3

Arnold Schwarzenegger
https://www.youtube.com/watch?v=u_ktRTWMX3M

Barack Obama
https://www.youtube.com/watch?v=PGUdWfB8nLg